REGARDS...

Gérard Dalmaz

LE MONT-SAINT-MICHEL

ÉDITIONS DU PATRIMOINE
CENTRE DES MONUMENTS NATIONAUX

À LA RENCONTRE DU MONT-SAINT-MICHEL

Un reliquaire géant dans un titanesque baptistère

De deux choses l'une : ou bien, une fois arrivé sur la côte de cette baie que la terre dispute à la mer, à 2 kilomètres à vol de mouette de la silhouette du Mont-Saint-Michel, le Mont, « tiare de cathédrale et cuirasse de forteresse » (Victor Hugo), vous êtes cueilli au ventre par le mystère de ce « Khéops de l'Occident », ou bien vous avez le sentiment fugace d'avoir déjà vécu cet instant, tant la photo du joyau dans son écrin en nid d'aigle est imprimée sur la rétine de la mémoire mondiale. D'une manière ou d'une autre, l'imagination galope face à l'étrangeté du vaisseau de pierre et sa chaloupe esseulée, Tombelaine, amarrés à jamais dans le miroir argenté de la baie la plus vaste de France.

Démesure d'un chef-d'œuvre dans un vertige horizontal, aux périls fatals. Le granit du sanctuaire défie le sable, l'envahisseur, surtout depuis que les petits fleuves côtiers ont été domptés. Qui plus est, les sédiments s'accumulent contre la digue-route. Car, depuis 1879, le mont maritime n'est plus qu'une presqu'île. Patience, le XXIe siècle répare le sacrilège. Quels sont les fous, s'interroge donc le visiteur, qui ont osé s'accrocher à ce lieu inaccessible, y nicher leur cité de Dieu, certes bénie deux fois par jour par la Manche dans son titanesque baptistère, alors que les campagnes d'alentour sont plus hospitalières ?

La vision surgit alors d'un satellite surréaliste à deux encablures de son continent d'origine, un reliquaire géant dans une solitude orgueilleuse, comme une image échappée d'une BD de science-fiction…

La silhouette du Mont dans la baie.

Sur cet univers abruptement minéral, des serviteurs du Père éternel ont planté leur citadelle de la foi consacrée au prince des milices célestes, l'archange saint Michel : le chevalier du bien contre le mal, qui a vaincu le dragon, Satan, le prince des démons. Quoi de plus naturel alors, pour des êtres assoiffés de retraite spirituelle (moine, du grec *monos*, « seul »), que de choisir cette planète à l'écart de l'agitation, des sottises, des tentations du monde brutal ? Par sa nature même, ce confetti incroyablement pyramidal était sacré d'origine. Il ne pouvait exister QUE par une intervention divine. C'était forcément une « colline inspirée », un de ces « lieux élus de toute éternité » (Maurice Barrès). Il était donc tout désigné pour louanger le Très-Haut et son panthéon, si l'on peut dire quant à cette acropole de la chrétienté.

La foi habille la montagne

Hugo résume la situation : « Le Mont-Saint-Michel, œuvre de la nature et de l'homme. »
La foi ne fait pas que soulever la montagne. Ici, elle habille le pic (80 m) de prouesses architecturales, de raffinements décoratifs : pour la gloire et le plaisir de Dieu d'abord, pour la renommée des moines ensuite ; enfin, pour attirer le maximum de pèlerins. Treize cents années de constructions, effondrements, catastrophes, tempêtes, modifications, incendies (douze), pillages, coups de génie et interventions contestables (prison, ateliers, restaurations) : tout cela aurait pu aboutir à un fouillis de rajouts. Que nenni, l'harmonie ressort de ce millefeuille de constructions, un dédale. Gustave Flaubert le dira : « On s'y perd, une seule visite ne suffisant pas pour comprendre le plan compliqué. »
Les dizaines d'abbés ont su s'accorder avec ce qui précédait, ne pas gêner ce qui pouvait suivre. L'ensemble et son halo de mysticisme conviendraient fort bien à un polar gothique, genre *Le Nom de la rose*.
Toujours commerçant, voire commercial, toujours agenouillé au pied de l'abbaye et blotti derrière les remparts, pour la plupart de la guerre de Cent Ans, le village n'a guère changé depuis le Moyen Âge et le flot des pèlerins. D'où son charme et son activité industrieuse. Là-haut, autour du chœur flamboyant de l'église abbatiale, sur la couronne d'arcs-boutants, les pinacles tendent leurs doigts de pierre comme pour implorer la protection de l'archange sommant la flèche à plus de 157 mètres, ailes dans l'azur ou tête dans les nuages du ciel changeant de Normandie.
Sur cette mise en scène, en camaïeu de gris, la patine des siècles ajoute l'écorce du temps : lichens dorés et morsure des embruns salés sur les blocs jadis débités aux îles Chausey. Pas d'inquiétude, l'épais granit tient tête au noroît et à l'aquilon. Le vent est l'invité permanent.
Ce trésor de l'humanité, avec l'écosystème de la baie, le village, les fortifications, est classé depuis 1979 – c'était la première fois en France – au patrimoine mondial de l'Unesco. Cette union de beautés, d'énigmes, de performances, de romanesque médiéval et de souvenirs à remporter explique que le Mont-Saint-Michel, après la tour Eiffel et le château de Versailles, est notre troisième site le plus visité : 3 500 000 passages, dont le tiers montent à l'abbaye, avec là une majorité d'étrangers. Pendant mille ans, les pèlerins sont venus par dizaines de milliers à la Jérusalem céleste. Désormais, les touristes viennent par millions du monde entier pour la colline hors du temps.

Après l'Avancée, l'entrée du village (fortifiée en 1525), voici au premier plan la porte du Boulevard. Au fond : la porte du Roi (1435). La Mère Poulard, que l'on aperçoit à gauche, est installée à proximité depuis 1888. L'architecte Pierre-André Lablaude, vers 1985, a restitué la porte du Roi dans son état initial : pont-levis, herse, douve et vantaux renforcés de plaques de fer. (Photographie de Neurdein, collection Henry Decaëns.)

MI-KA-ËL, « qui est comme Dieu ? »

Le premier miracle du Mont c'est son existence qui remonte à la nuit des temps primaires, il y a 540 millions d'années, quand l'érosion commence à gommer le schiste du plissement hercynien. Quelques épaves de granit résistent et sont toujours là : la sentinelle du Mont, sa suivante Tombelaine et leur compère le mont Dol, maintenant dans les marais de la rive. Là-dessus, la fonte de la dernière glaciation fait monter l'eau des océans. Dans les milliers d'années précédant l'an 0, le mont devient une île. La végétation de la baie est éliminée par l'ambition de l'eau salée (troncs fossiles). La baie n'est pas encore colmatée et la navigation restera longtemps possible. La butte, insolite dans cette platitude à n'en plus finir, est-elle alors occupée par des rites païens de divinités solaires héritées des Celtes, des Gaulois, de Rome, de l'Orient, comme Ogmios, Taranis, Cybèle, Bélénus, Lug, Apollon, Mercure, ou encore le Mithra perse honoré au proche mont Dol ? Aucune preuve concernant le mont.

De son côté, le premier lieutenant de Dieu, l'archange, brille au firmament oriental des cultes chrétiens (Coptes). Il s'est rendu indispensable par l'Apocalypse de saint Jean (Nouveau Testament) en terrassant le Dragon, le « séducteur du monde entier ». Lucifer s'est en effet dressé comme le rival de Dieu. Le connétable de ce dernier, ne s'appelant pas encore Michel, lui a alors infligé un cinglant « qui est comme Dieu ? », MI-KA-ËL (en hébreu) : qui ose se prétendre l'égal de Dieu ? Cette question offensée est devenue le nom du vainqueur.

À la fin du Ve siècle, le culte de saint Michel débarque en Italie du Sud, au mont Gargan, où l'archange apparaît dans une grotte aussitôt transformée en sanctuaire.

Avranches, 708, coup de théâtre : l'évêque Aubert, raconte la *Revelatio*, légende manuscrite rédigée cent cinquante ans plus tard, reçoit en songe la visite de saint Michel. Le prélat est sceptique, se méfie de méfaits de Méphisto. L'archange impatient lui pointe un index sur la tête : Mets-toi bien ça dans le crâne, il me faut MON sanctuaire ! Aubert obtempère, envoie des clercs au faîte du cône de la baie pour construire une grotte jumelle au mont Gargan. Selon la *Revelatio*, un nommé Bain et ses douze fils débarrassent le terrain d'un énorme bloc que certains n'hésitent pas à considérer comme le menhir d'une idole honnie.

Les marcheurs de Dieu sur leurs chemins du paradis

966 : les Vikings sont désormais « normandisés ». Ils ne terrorisent plus l'Avranchin. Les clercs du Mont se sont mués en opulents chanoines. Le duc de Normandie les chasse au profit de douze moines adeptes de saint Benoît, forte personnalité à présent souvent considérée comme un aïeul de l'Europe. La règle bénédictine est soutenue dans tout l'empire par Charlemagne, qui serait venu au Mont, imposant également culte et fête de saint Michel (29 septembre). L'îlot est alors appelé Mont-Tombe, de *tumba* et/ou tumulus : monticule et plus tard tombeau. Ce qui donne un curieux… mont-mont (Tombelaine : petit mont).

Le chantier de l'abbaye commence au Xe siècle et ne se terminera qu'au XVIe. La simili-grotte voulue par l'évêque Aubert, trop exiguë, est remplacée par la chapelle Notre-Dame. Mi-carolingienne, mi-romane, cette chapelle, alors à l'air libre, est devenue la crypte Notre-Dame-sous-Terre, car soutenant l'entrée de l'église et le parvis de celle-ci. Au fond de cette crypte, doyenne de l'abbaye, une paroi de pierres brutes appareillées laisse espérer qu'elles sont l'ultime trace de la grotte primitive. Le Mont n'a pas tout révélé… Dans cette crypte demeure la tribune maçonnée où des reliques sont alors placées en hauteur pour être seulement approchées afin d'éviter des prélèvements de vestiges saints, certifiés authentiques…

Les chemins du paradis menant les pèlerinages à la Jérusalem céleste commencent dès le IXe siècle leur carrière internationale. Les « miquelots » (pèlerins) sont attirés par les vertus des reliques réputées pour certains maux – le crâne percé de saint Aubert soulage les migraines persistantes… – mais surtout par l'absolution des péchés. En effet, saint Michel, outre glaive, lance et bouclier, est nanti d'une balance afin de peser les âmes lors du Jugement dernier. Fonction sans doute inspirée par d'anciennes croyances (Anubis). Au Moyen Âge, l'archange saint Michel est le trait d'union entre ici-bas et le royaume de Dieu. Il faut donc aller « chez lui » pour obtenir le paradis. Les pèlerins étant de plus en plus nombreux, le rocher devient une ruche, village compris. La prospérité croît et embellit grâce aux dons, mais aussi aux libéralités des seigneurs normands tenant à privilégier leur mont, fief stratégique et vedette de l'univers chrétien.

L'église n'est rien sans soutiens

1064 : sur la tapisserie de Bayeux, le futur Guillaume le Conquérant, protecteur du Mont, chevauche aux côtés de son futur adversaire Harold. Tous deux traversent les fondrières de l'estuaire du Couesnon, dans la baie. Au-dessus d'eux, le sommet du Mont est symbolisé par le narthex de l'église abbatiale, en cours d'achèvement. Le monastère roman s'implante, lui, sur la face nord du rocher, la plus escarpée. Les abbés (de *abba*, « père » en araméen) auraient préféré le plan horizontal bénédictin classique, mais la configuration s'y oppose. Qui plus est, le sommet est réservé à l'église abbatiale. De 1023 à 1084 l'édifice s'allonge sur 80 mètres, alors que le granit du sommet n'accuse que 25 mètres de long. Seule la croisée du transept repose sur le rocher. Il faut donc des soutiens par des cryptes. Sous le chœur, à l'est, c'est la crypte des Gros Piliers. Sous le bras sud du transept se situent la crypte Saint-Martin et son audacieuse voûte d'une portée de 9 mètres, symbole de la voûte céleste, du temps éternel. C'est aussi la preuve du calcul des charges et poussées par les architectes ou tailleurs de pierre. Sous le bras nord du transept, côté monastère, la crypte Notre-Dame-des-Trente-Cierges est consacrée à la Vierge, qui reprendra de l'importance au XIIe siècle avec l'essor de la doctrine du purgatoire. Vers 1060, édification, en roman, du promenoir des moines qui, autour de 1140, sera modifié par le tout premier usage local du gothique (croisée d'ogives). Technique importée d'Île-de-France, par la circulation des idées et des manuscrits empruntés.
Le XIe siècle se résume à la paix du règne de Guillaume le Conquérant, période bénéfique pour le chantier de l'abbaye et la vie monacale. Entre 1050 et 1075, les moines copistes et illustrateurs du *scriptorium* rendent le Mont célèbre par sa calligraphie, ses manuscrits aux lettrines, d'abord ornées puis historiées. C'est l'âge d'or du style montois. Tout l'Occident sera longtemps jaloux de « la Cité des livres ».

Philippe Auguste au secours du Mont

À la fin du XIe et au XIIe siècle débutant, le chantier, église et monastère, n'est pas un sentier de roses. L'abbaye se rebelle contre les ducs de Normandie, tandis que les moines se divisent en clans et chapelles pour ou contre telle investiture de tel abbé. Les effondrements se multiplient, sans doute à cause du manque de stabilité des bâtiments construits sur les pentes du pain de sucre. Pour tout arranger, le feu, surtout par la foudre, revient quand il veut. Et puis, horreur totale, les bénédictins maison se laissent aller au confort, car les moines vivent des rentes de leur colossal domaine et des droits qui en tombent.

La fin du tunnel arrive avec l'installation, pour trente-deux ans (1154-1186), d'un homme d'envergure à la tête de l'abbaye : Robert de Torigni, qui ne plaisante pas avec la règle de saint Benoît, ni avec son autorité, ni avec son prestige. Il est le confident des papes et des rois, Louis VII et surtout Henri II Plantagenêt d'Angleterre. L'abbé remet tout d'aplomb, à tel point que sous son pouvoir l'établissement atteint son apogée matériel, foncier, financier. Torigni fait même construire de nouveaux bâtiments : sa résidence, deux tours de plus pour l'église, une hôtellerie pour les pèlerins de marque. C'est la véritable tranche de gloire du monastère, accentuée par son aura spirituelle, intellectuelle. L'abbé, avec son goût des belles-lettres, n'a de cesse de faire travailler ses copistes, mais surtout réunit une bibliothèque religieuse et profane très diversifiée que l'on vient consulter de toute l'Europe. La réputation du *scriptorium* de cette abbaye, comme d'autres, sera éteinte au courant du XIIIe siècle par les ateliers laïques des universités comme la Sorbonne à Paris. Là, non loin du futur boulevard Saint-Michel, l'abbaye possède alors le collège du Mont, pour l'étude des novices. Résidence appréciée par certains abbés intellectuels et mondains comme Pierre Le Roy ou Robert Jolivet « le traître ».

1204 : la Normandie est revendiquée par l'Anglais Jean sans Terre, mais Philippe Auguste la récupère par l'épée. Ses alliés bretons dévastent le Mont en l'incendiant. Pour se faire pardonner par ses nouveaux sujets, le roi leur octroie des versements généreux. Cette manne couplée à la prospérité du Mont (multiplication des pèlerins) permet en vingt ans (1210-1230) l'édification, en lieu et place de son prédécesseur roman, du nouveau monastère gothique. Prouesse architecturale aussitôt dénommée « la Merveille », car émerveillant les pèlerins parvenus à ses pieds par le nord. « La Merveille de l'Occident » deviendra l'emblème d'une France éternelle.

Mont et Merveille

Les constructions s'enroulent autour du mont, elles s'enlacent sans s'en lasser.

La réussite majeure du Mont c'est sa Merveille, mariage des forces qui s'opposent. Imaginez l'ébahissement des pèlerins traversant prudemment les pièges de la baie, par le nord, via le rocher de Tombelaine. Ils aperçoivent une falaise armée de puissants contreforts. En s'approchant ils lèvent le regard vers ce prodige de verticalité : 50 mètres de haut sur 80 mètres de long. Un gratte-ciel pour l'époque.

Le chantier du nouveau monastère aura été mené tambour battant avec un sacré culot et une technicité sans faille pour enraciner un tel poids, une telle organisation de salles sur le flanc le plus difficile. Résultat majestueux avec un intérieur à l'aune de l'extérieur ! Le bâtiment est composé de deux corps accolés en prolongement l'un de l'autre. Ils comprennent chacun trois espaces superposés, soit six salles hors du commun, parmi les vingt-trois salles que l'on peut visiter dans l'abbaye. En écorché vertical, le bâtiment de l'est se compose de trois salles à manger. En bas, l'aumônerie pour les modestes et les sans-grade ;

Page de gauche

Lettrine P de *Postquam*. Saint Grégoire le Grand, *Dialogues*, vers 1060. Grande illustration contemporaine de Guillaume le Conquérant s'inscrivant dans un quadrilatère : la Terre. Le cercle du P ouvre une fenêtre sur l'au-delà : l'Éternité. Quant à la jambe du P, saint Irénée disait que si Dieu est circonférence, il agit en ligne droite. (Avranches, Bibliothèque municipale, ms. 101, fol. 77 verso.)

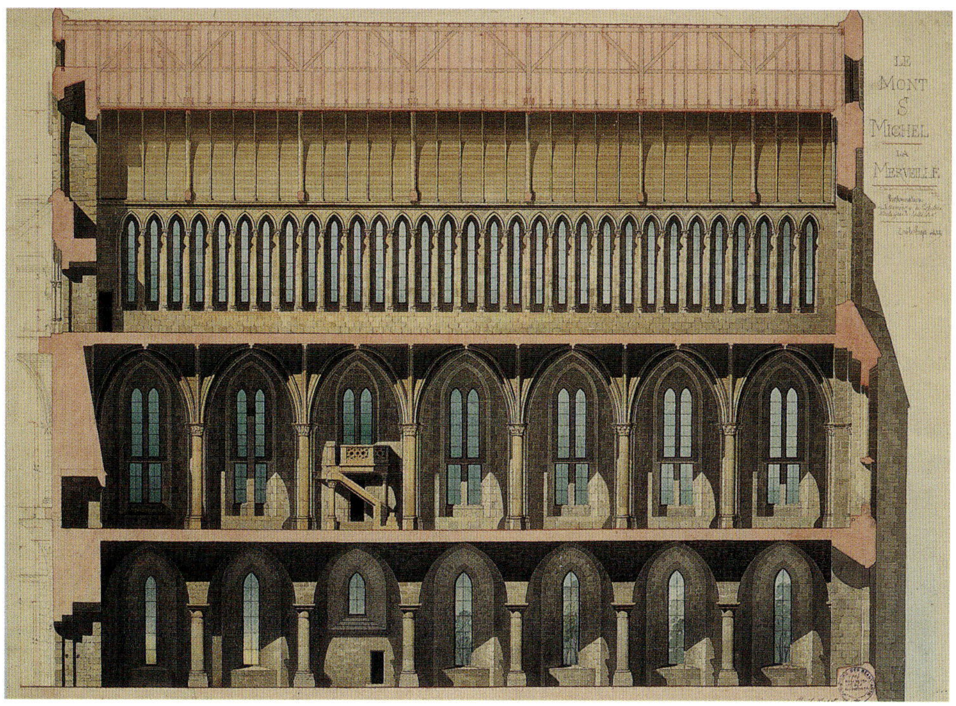

Coupe du bâtiment est de la Merveille avec les trois étages, correspondant à la hiérarchie sociale moyenâgeuse. L'aumônerie : en bas pour les *lavatores*. Au-dessus : les Hôtes pour les *bellatores*. Au sommet : le réfectoire pour les *oratores*. Dessin d'Émile Sagot, plume et aquarelle, vers 1865. (Charenton-le-Pont, MAP.)

au-dessus, la salle des Hôtes; et encore au-dessus, au sommet, le réfectoire, à nul autre pareil. Toujours en vertical, dans le corps accolé à l'ouest, en bas : le cellier; au-dessus la salle dite « des Chevaliers »; et encore au-dessus le cloître sublime.

Ce système ternaire vertical correspond à la conception religieuse et féodale de la hiérarchie sociale de l'époque, et même de tout l'Ancien Régime (les trois ordres de 1789). Trois catégories indissociables : en bas de l'échelle ceux qui travaillent, produisent; au-dessus ceux qui combattent pour protéger (?) l'ensemble de la population; encore au-dessus ceux qui prient, pour sauver l'âme de tout le monde. D'évidence, les religieux imposent leur primauté sur les autres catégories.

Un défilé de têtes couronnées

La salle basse de l'aumônerie est un peu archaïque car elle a réutilisé les vestiges romans subsistant après l'incendie de 1204. Ses deux nefs à sept travées servent de soupe populaire aux innombrables pèlerins arrivant dans un état pitoyable. Les victuailles proviennent de l'autre salle basse mitoyenne du rez-de-chaussée : le cellier. Lui aussi est rustique bien que gothique. Le ravitaillement, y compris les vivres prévus pour les sièges, y est stocké grâce au poulain, sorte de grue-écureuil, hissant provisions et tonneaux des embarcations amarrées au pied de la muraille merveilleuse.

1256 : Louis IX vient en pèlerinage (et revient en 1264). Saint Louis aurait préféré partager le repas des moines au réfectoire, en haut, plutôt que festoyer dans la salle des Hôtes, spectaculaire vaisseau gothique équipé du dernier confort : cheminées et latrines. La Merveille est alors parée de couleurs vives, comme nombre de décors de l'abbaye.

Outre Saint Louis, qui lance les premières vraies fortifications du Mont, la salle des Hôtes verra passer moult têtes couronnées mêlant gratitude, piété et politique : Philippe III le Hardi (1272); Philippe IV le Bel (1311), donateur de 1 200 ducats d'or; Charles VI en 1393 et 1394 : sa déraison ne s'en trouvera pas apaisée, mais la fille qui lui naîtra peu après sera prénommée Michelle. Louis XI séjourne ici en 1462 avant de réitérer plusieurs fois. Le roi dévot est tombé amoureux du Mont et... de son isolement bien pratique. L'« universelle aragne » choisit un cachot de l'abbaye pour y suspendre l'une de ses sinistres cages dénommées « fillettes ». Le Mont inaugure ainsi sa fonction de « Bastille des mers ». François Ier vient deux fois (1518, 1532), la seconde pour rencontrer le navigateur Jacques Cartier (Canada). Dernier souverain en prière au Mont, Charles IX venu en 1562 avec son frère le futur Henri III, juste avant les guerres de Religion.

Jouxtant la salle des Hôtes : la salle dite « des Chevaliers ». À part un tableau récapitulatif des noms des cent dix-neuf chevaliers n'ayant pas péri au désastre d'Azincourt (1415) et réfugiés au Mont pour continuer le combat contre les Anglais (la France libre face à l'occupant...), il n'y a eu aucun chevalier dans cette belle salle robuste, la plus vaste de la Merveille. Le titre peut venir de la fondation par Louis XI de l'ordre des Chevaliers de Saint-Michel, en 1469, mais à Amboise. Peut-être que l'abbaye destine alors cet espace à la tenue annuelle des trente-six chevaliers de l'Ordre, pourtant jamais réunis ici. Probablement cette confortable salle des Chevaliers aura servi de chauffoir, de bibliothèque, de *scriptorium*. Elle dispose de deux cheminées, évitant aux moines, copistes et illustrateurs (nous connaissons onze de leurs noms) d'avoir les mains engourdies et de planter leurs plumes d'oie dans des encres gelées.

Les merveilles de la Merveille

À l'étage au-dessus des deux salles des Hôtes et des Chevaliers, au sommet de la Merveille, voici le domaine exclusif des agents de la rédemption collective, les deux espaces gothiques étonnants d'innovations : cloître et réfectoire. Ils sont la démonstration magistrale de l'allègement allié à l'esthétique, et de l'adaptation des lieux à la règle bénédictine transposée. En effet, dans la Merveille, il y a étagement sur trois niveaux alors que le monastère selon saint Benoît doit être bâti à plat AUTOUR du cloître, LE centre spirituel de ceux qui prient pour le salut de la société. Or ce cloître est sommital, pratiquement aérien, ou, comme l'écrit le médiéviste Georges Duby, « tout ouvert sur les mouvements du ciel et sur les reflets de la mer ». Avantage : il préfigure encore mieux le paradis... Rectangle de 25 mètres sur 14, à la fois austère et aimable, il s'agrémente en son milieu d'un jardin... monacal, sans doute pour éviter qu'il ne soit attrape-regards de rêveries. Sur le pourtour, la galerie, coiffée d'une voûte de bois en berceau brisée, est soutenue, scandée par cent trente-sept colonnettes en double rangée, taillées dans du poudingue pourpré. L'ordonnancement en quinconce, élégant et stable, est salué en 1835 par le tout jeune architecte Eugène Viollet-le-Duc. C'est là que les moines lisent, méditent, ruminent la parole de Dieu et de son état-major.

Au-dessus des colonnettes, les arcades de calcaire grège sont ornées d'écoinçons sculptés, de feuillages en relief alors peints de couleurs vives. Diversité végétale, florale, symbolisant la création profuse de Dieu. C'est l'évocation du jardin d'Éden et de ce monde parfait à retrouver puisque l'homme y vivait en harmonie avec Dieu. Malgré les martelages de la Révolution et les vandalismes des détenus au XIXe siècle, on discerne quelques personnages, dont la silhouette datée de 1228 de saint François d'Assise. Dès la mort du Poverello, en 1226, les concepteurs du cloître ont voulu lui sculpter un hommage éternel.

Un dragon, donc le diable, par-ci par-là rappelle que le mal, la tentation menacent partout, toujours. L'organisation des colonnettes est si ingénieuse qu'une illusion d'optique « arrondit » les quatre angles du cloître. Ce qui anime la galerie d'une sorte de mouvement circulaire, immuable, sans fin ni commencement : le perpétuel.

Des chiffres à déchiffrer

De bas en haut, dans toute l'abbaye, église comprise, la fameuse musique des chiffres prend du relief si vous accordez attention aux nombres des arcatures, colonnes, fenêtres, travées, étages. Ne succombez pas à la tentation d'élucubrations pseudo-ésotériques : il s'agit simplement de mathématique, dogmatique, théologique.

Quelques exemples : 1 est Dieu; 3, la Trinité, l'Esprit; 4, la matière, la Création, le corps, les hommes; 7, la Terre plus l'Esprit (137 colonnettes). Le 7 signifie aussi la Création en six jours devenant parfaite avec le 1 de Dieu. Le 12 (4 × 3) c'est la plénitude, la matière et l'Esprit, l'Église universelle, les apôtres. Le 9 n'est autre que le renouvellement et aussi la Vierge. Détail : cette musique des chiffres préfère la vertu des impairs, indivisibles, donc purs, éternels.

Géométrie sacrée symbolique, ce système de pensée est hérité des néoplatoniciens et de Pythagore. Ce n'est pas autre chose que le goût pour les proportions. Harmonie également prônée par le docteur de la Grâce, saint Augustin, et mise en pratique par le savoir-faire de la nouvelle vague gothique.

L'autre pépite de la Merveille : le réfectoire

Le cloître, d'ascendance perse – le jardin fermé paradisiaque – puis gallo-romaine, est au centre de la vie communautaire car ouvrant sur tous les espaces essentiels de la clôture, dont le réfectoire mitoyen, sans doute la plus belle salle de l'abbaye par son élégance sobre, la perfection de son éclairage. Le maître d'œuvre a décidé d'éclairer une boîte fermée avec la lumière de Dieu, les « moines noirs », c'est leur surnom, devant se sustenter à la lumière naturelle seulement. Le génie, anonyme, a conçu une synthèse entre roman pour le volume et gothique pour les lignes.

Cet éclairage, vous pouvez le vivre au fur et à mesure que vous avancez dans la longueur de la salle. À gauche comme à droite, séparées par des colonnettes, les cinquante-neuf fenêtres « s'ouvrent » chacune à leur tour et se « referment » presque aussitôt, au gré de votre pas. Prodige d'ambiance diffuse, étale, quasiment une lumière d'atelier de peintre.

Le repas des religieux du Mont n'est pas frugal, car ils ont des journées longues, dures, entrecoupées d'offices, dans un climat malcommode. Interdiction de consommer de la viande de quadrupède, mais il y a vin et gâteaux à table. La parole est proscrite par le règlement de la *taciturnitas* (le silence est également impératif au cloître, au dortoir, à l'église). Pour communiquer avec son voisin, genre « Mon frère peut-il me passer le sel ? », on utilise un code précis de gestes et mimiques. Le seul moine pouvant parler est le semainier. De sa chaire de granit, il lit des textes sacrés, la vie des Pères de l'Église, sans élever la voix, grâce à l'extraordinaire acoustique de la voûte en carène renversée : une sorte de cérémonie du partage des nourritures terrestres et spirituelles, une cène des moines.

Le XIVe, siècle noir

Le XIVe siècle démarre par un mauvais présage : vers 1300, la tour nord de la façade de l'église s'écroule, détruisant l'inestimable trésor des centaines de manuscrits, d'ouvrages de la bibliothèque savamment constituée à partir de l'abbatiat Torigni. 1348 : la peste noire réduit encore le nombre de moines, au moment où démarrent la guerre de Cent Ans, la guerre civile Armagnacs contre Bourguignons, le grand schisme chrétien d'Occident (Avignon/Rome). La folie de Charles VI achève d'assombrir le tableau.

Les cathédrales et monastères normands confient leurs cassettes bien garnies au Mont. Celui-ci sait qu'il est menacé, les Anglais ayant leur poste avancé à Tombelaine, à 3 kilomètres seulement (1356). Le village s'arme, va se doter d'une garnison, de nouvelles fortifications aux XIVe, XVe et XVIe siècles. Désormais il y aura trois portes difficiles à franchir, mais aussi un long mur protégeant les habitations à pans de bois. Ce mur, la courtine, sera renforcé par une dizaine de tours dont certaines annonçant les conceptions de Vauban. Un chemin de ronde court sur l'ensemble des remparts, pour une seule crête de feu et pour que le guet y monte la garde.

Bertrand Du Guesclin, connétable de France, second personnage du royaume, taille des croupières aux Anglais. Capitaine de Pontorson et protecteur du Mont, il y viendra plusieurs fois. Sur le rocher, le « Dogue noir de Brocéliande » fait construire une maison à sa mie Tiphaine de Raguenel, astrologue et un peu sorcière.

L'unique et principale rue du village, quelques centaines de mètres, se termine par l'escalier du Grand Degré extérieur menant à l'abbaye, car celle-ci, vers 1260, s'est créé sa nouvelle entrée à l'est. Ce bâtiment comprend la salle des Gardes et l'altière Belle-Chaise, palais de justice des abbés. La crainte d'un siège se précisant, l'abbaye améliore vers 1400 son système défensif, par exemple avec la tour Perrine, six étages pour les hommes d'armes. À l'arrivée du Grand Degré extérieur, l'entrée nouvelle de l'abbaye est celle d'une véritable citadelle : barbacane, herse tombant entre les deux tours du châtelet, puis escalier raide – le Gouffre – jusqu'à la salle des Gardes filtrant toutes les arrivées. Au début du XVe l'étau se resserre, les Anglais reviennent camper à Tombelaine. Le Mont est la seule place forte échappant encore aux Godons.

Le logis Tiphaine, à droite de l'église paroissiale Saint-Pierre et un peu au-dessous de la barbacane (entrée de l'abbaye). Cette bâtisse serait la plus ancienne du Mont car, bien que très largement remaniée, elle aurait été construite vers 1365 par Bertrand Du Guesclin pour y installer sa femme Tiphaine de Raguenel.

Saint Michel, le céleste patriote

Retournement impensable en 1419 : l'abbé Jolivet, ayant récemment fortifié le Mont, passe à l'ennemi ! Il vient même assiéger ses anciennes ouailles... En vain, ses travaux antécédents prouvant leur efficacité. Le traître est tellement prisé par le parti anglais qu'il figurera, avec d'autres abbés normands, comme juge assesseur au procès de Jeanne d'Arc !

Pendant un quart de siècle les soudards anglais veulent faire échec au mythe de l'archange protecteur du Mont et du roi Charles VII. Lequel est ébloui par la défense pugnace des Montois. Ce qui n'est pas sans nous rappeler l'opiniâtreté d'un certain village gaulois face aux Romains... Les multiples assauts anglais échouent, il est vrai qu'attaquer une forteresse dont les douves infinies sont remplies deux fois par jour par la marée n'est pas conquête facile...

1434 : la tentative anglaise frôle la victoire. Mais les Montois sont sur la brèche, celle ouverte par les bombardes ennemies tirant des boulets de pierre pesant jusqu'à 150 kilos. Les Godons sonnent leur retraite, abandonnant deux énormes canons, les « michelettes ». Ces trophées trônent toujours près de l'entrée du village, l'Avancée.

La résistance aux armées d'Henri V, puis d'Henri VI, donne au Mont la stature de héros national, et à saint Michel celle de sauveur du Mont, et partant du royaume français. Des chansons populaires témoignent du refus de l'occupation anglaise : « Entre nous, gens de village qui aimez le roi français, prenez chacun bon courage, pour combattre les Anglais. »

La renommée du Mont se répand comme tache d'huile bouillante. Inviolé, il devient le symbole de l'identité nationale balbutiante. Le patriotisme revanchard, après 1871 et avant 1914, y trouvera ses racines. D'autant qu'en cette fin du XIXe siècle la rechristianisation engagée par le catholicisme va relancer pèlerinages et culte de saint Michel, saint patron des militaires. En 1940-1945, le maréchal Pétain, habitué du Mont et de la Mère Poulard, sera favorable au culte michaelique, une forme de récupération nationaliste « sabre et goupillon ».

La cage de lumière du nouveau chœur

Vers 1450, la guerre de bien plus de Cent Ans s'arrête enfin. Les pèlerinages de gratitude reprennent force et vigueur. Ce regain apporte une nouvelle prospérité à l'abbaye, en outre gâtée de dons reconnaissants et d'exonérations fiscales accordés par Charles VII puis son fils Louis XI. Il est grand temps de reconstruire le chœur roman effondré en 1421. C'est seulement vers 1521-1523, un siècle après, que cette renaissance sera achevée. Le nouveau chœur est appuyé en sous-sol sur l'étrange crypte aux dix gros piliers, dont huit mesurent 7 mètres sur 5,50 de tour de taille. Le successeur du chœur roman écroulé est d'un style gothique à la fois sobre et majestueux qui a su éviter l'exubérance de la période « flamboyante ».
À la base : de grandes arcades aiguës ; au-dessus, le triforium à claire-voie accentue le jaillissement de la dentelle de pierre. Encore au-dessus, l'élancement se prolonge par de hautes fenêtres étroites. Sous voûte, le chœur grimpe à 25 mètres. À l'œil, il s'élève beaucoup plus haut. En matinée surtout, c'est une cage de lumière.
La greffe du chœur gothique, aux lignes verticales, sur la nef romane aux lignes horizontales aurait pu mal prendre. Il n'en est presque rien. Pas de « cassure », le mariage des granits fonctionne.
Le clocher sera reconstruit plus tard et modifié à plusieurs reprises. La silhouette du Mont ne date que de 1897.
Habillée d'une voûte lambrissée culminant à 17 mètres, la nef romane à sept travées est encore intacte. Elle a bien failli disparaître au XVIe siècle quand il a été projeté de la raser au profit d'une nef gothique.
La fin du XVIe siècle amorce le vrai déclin de l'abbaye, provoqué par trois raisons : déliquescence de la règle, pèlerinages marquant le pas, comportement des abbés venus de la Cour, indifférents à leur responsabilité mais pas à l'argent. Nommé désormais par le roi, en général par « copinage », l'abbé « commendataire » ne réside plus au Mont. S'il y passe, c'est pour en toucher les revenus. L'abbaye n'a plus de guide spirituel ni de patron d'intendance. Les imposants logis abbatiaux, construits à la fin du XIVe, ne serviront bientôt plus qu'à emprisonner ces messieurs les exilés de la « Bastille des mers », après lettre de cachet (Louis XIV, Louis XV, Louis XVI).

Les réformes échouent, mais une réforme s'impose

Tentés par l'emplacement de ce bastion et les richesses de ce poste avancé de la Sainte Ligue catholique, les huguenots s'acharnent à l'investir. Ils sont dirigés par les fils de Gabriel de Montgomery, meurtrier involontaire du roi Henri II, devenu chef protestant, décapité en 1574. Les réformés usant de ruses vont d'échec en échec. En 1591 l'une des multiples tentatives tourne à la tragédie. Attirés par une contre-ruse des Montois au rez-de-chaussée de la Merveille, une centaine de spadassins périssent dans un bain de sang. D'où le surnom de montgomeries pour le cellier et l'aumônerie.
Fin XVIe puis début XVIIe siècle, la règle vole carrément en éclats. Certains religieux demeurent au Mont, d'autres préfèrent la campagne et les prieurés de la côte. Le problème, c'est que ces « lettrés » ne savent plus guère parler latin, grec, et à peine le français... Oublié le vœu de chasteté, la bure, la tonsure : bonjour les barbus aux cheveux longs, parés de dentelle et de soie. Certains fripons introduisent des femmes dans l'enceinte. Des enfants nés du péché jouent sur le Grand Degré. Les tavernes du village cultivent le poivrot. Dans l'abbaye les portes ne ferment plus et les fenêtres bâillent, il n'y a plus d'entretien. Le monastère finira par vivoter des redevances versées par les rois pour leurs cent cinquante pensionnaires, les « exilés ».
1622 : l'abbaye n'a plus que seize moines. Le Mont n'est plus qu'une caricature de lui-même. Cette décrépitude est insupportable aux yeux des bénédictins de la congrégation de Saint-Maur. Ils s'installent, pour imposer leur réforme. Jeunes, austères, savants, ils rétablissent la règle, s'intéressent aux livres, aux manuscrits, plutôt qu'à l'architecture. Ils remettent en état la bibliothèque riche de quatre mille ouvrages mais opèrent de lourdes modifications dans les salles pour organiser leur propre vie communautaire. Le réfectoire est défiguré pour devenir dortoir à deux niveaux, la crypte de Notre-Dame-des-Trente-Cierges est affectée en cave à vins. L'exemple le plus regrettable de ces interventions est la façade dite « classique » que les mauristes bâtissent, en 1780, pour l'église abbatiale dont les trois premières travées et l'ultime tour Torigni viennent d'être ruinées par un incendie. L'écrivain romantique Théophile Gautier qualifiera cette façade remplaçante si peu inspirée de « devanture »...

Dans la lignée de la Renaissance, le XVIIIe siècle des Lumières refuse de continuer à voir les moines comme la machine civilisatrice d'antan : ces contemplatifs sont inutiles à la société, le Mont n'est qu'une pièce montée d'art gothique, l'art barbare d'un Moyen Âge obscurantiste…

La saga bénédictine du Mont s'arrête avec le cinquante et unième abbé, le cardinal de Montmorency-Laval.

Où le Mont-Libre n'est plus qu'une prison

1790 : les ordres monastiques sont supprimés.

Au Mont, sale, délabré, quasi abandonné, la Révolution ne trouve pas grand monde : quelques vieux moines, trois prisonniers oubliés, quatre déments hurlant à tous vents ; et pas grand-chose. En effet les pillards de reliques, de reliquaires et les amateurs de livres rares sont déjà passés. L'inventaire récupère par démontage 1,125 kilo d'or et 25,350 kilos d'argent. Maigre mise à sac pour une abbaye qui a été un coffre-fort fut un temps. En prime, les sans-culottes d'Avranches confisquent trois mitres, puisque les abbés du Mont avaient rang d'évêque, et six cloches, toutes fondues, sauf une pour continuer à servir de repère aux marcheurs perdus dans le brouillard des grèves. La « Bastille des mers » n'est pas rasée comme la maison-mère de Paris. Le ci-devant Mont-Michel est désormais le Mont-Libre derechef transformé en prison. Dans des conditions épouvantables, la Révolution entasse ses ennemis : des centaines de prêtres réfractaires à la Constitution civile du clergé, puis des chouans, puis des droit commun, pêle-mêle. On imagine la photo de groupe…

Avec Napoléon la situation empire : l'abbaye est décrétée « maison centrale de détention ». La Restauration ajoute deux « spécialités maison » : travaux forcés pour hommes et femmes et maison de correction pour 80 enfants. Un séjour qui devait sûrement les reconstruire… Toutes les ouvertures sont nanties de barreaux. La plupart des espaces, église comprise, se retrouvent en dortoirs, en filatures, en ateliers de chapeaux de paille, ou de chaussures. Le Mont dépasse alors les 700 détenus, y compris des bagnards âgés, des futurs déportés. Dès 1830 s'ajoutent des légitimistes, démocrates, républicains célèbres, comme Louis Auguste Blanqui ou Armand Barbès, verrouillés dans d'abominables cachots, car récidivistes de l'évasion ratée.

Membre de la mission d'inventaire des monuments historiques, en 1836, Hugo visite le Mont, ses splendeurs, ses laideurs. Il en ressort écœuré : « C'est un crapaud dans un reliquaire. » La prison-fourmilière n'est qu'un cauchemar insalubre : 457 décès, de tuberculose surtout, de 1820 à 1830.

L'opinion publique, les députés finissent par s'émouvoir de l'atroce pénitencier où sont passés environ 14 000 détenus pendant le XIXe siècle. Napoléon III le supprime en 1863 malgré les suppliques des Montois en vivant. En 1850, le Mont emploie des centaines de gardiens et de militaires. La population (prisonniers compris) se monte alors à 1 182 habitants, mais du fait de la disparition de la prison elle tombe à 203 âmes en 1866.

Restauration et interprétation…

Paradoxalement, la fonction carcérale a endommagé et sauvé le Mont. Toutefois sa fin de vie eût été misérable, en forme de carrière à ciel ouvert servant de perchoir aux goélands, si les stars du romantisme n'étaient pas venues au secours de ce grand œuvre. Des talents célèbres sont alors sensibles, eux, au patrimoine médiéval.

Suite à l'inspection décevante de la place (dite) forte du Mont en 1691 par l'ingénieur militaire Vauban, voici la maquette détaillée avec réalisme du Mont. Ce travail remarquable est daté de 1701. Village, remparts, tours sont représentés minutieusement, y compris certains mobiliers. À noter la tour, romane, survivante des deux construites de part et d'autre de la façade de l'église abbatiale, au XIIe siècle, par l'abbé Robert de Torigni. (Paris, musée des Plans-Reliefs.)

Premier sur le terrain, l'architecte Viollet-le-Duc n'a que 21 ans en 1835 quand il découvre l'ampleur des dégâts. Séduit par « la beauté de cet amas de pierres » il en rapporte onze aquarelles, lavis et même un projet de flèche. Hugo lui succède, puis, dans le désordre, Flaubert, Jules Michelet, Stendhal, Prosper Mérimée, patron des Monuments historiques en 1841, et même Guy de Maupassant. Gautier se fait admirateur du Mont avec une description remarquée : « Toute cette architecture s'élance avec une ardeur d'escalade que les siècles n'ont pas refroidie et semble vouloir prendre d'assaut la montagne qu'elle couvre. »

La décision espérée arrive en 1874 : le classement en monument historique. À pied d'œuvre depuis deux ans, le premier architecte de la restauration, Édouard Corroyer (arrivé avec sa femme de chambre, la future Mère Poulard), ne sait pas par quel bout prendre le chantier tant il y a à faire. En 1879, tandis qu'il se bat contre les Ponts et Chaussées constructeurs de la digue-route, aboutissant bêtement entre deux tours des remparts, Corroyer consolide tout ce qu'il peut, le cloître par exemple. En digne élève de Viollet-le-Duc, il adhère à sa doctrine de l'unité de style : « Restaurer un édifice n'est pas l'entretenir, le réparer ou le refaire, c'est le rétablir dans un état complet qui peut n'avoir jamais existé à un moment donné. » Ce qui revient à dire que Viollet n'a pas envie de remettre le monument dans son état primitif mais bien dans celui qu'il aurait dû avoir, du moins à ses yeux : les architectes « violletistes » cherchent la cohérence avec l'image qu'ils se font du Moyen Âge ! D'où interprétations, excès, déviations. Ainsi, Corroyer se permet d'ajouter des créneaux « pittoresques » en haut de la Merveille, sur toute la façade nord… Plus tard, en particulier avec Paul Gout ou Yves-Marie Froidevaux qui veulent laisser les traces du passage de l'Histoire, les architectes restaurateurs seront

Ce remarquable travail d'observation des arcs-boutants du chœur est signé du tout jeune architecte Eugène Viollet-le-Duc qui vient au Mont dès 1835. Lui et Victor Hugo seront les premiers militants de la restauration de l'abbaye. Dessin, plume et aquarelle. (Charenton-le-Pont, MAP, coll. Geneviève Viollet-le-Duc.)

Au nom de la doctrine de l'unité de style, donc du monument, ce projet de restauration envisageait de raser le chœur gothique pour rétablir le chœur roman ! Or, au XVIe siècle, on voulait anéantir la nef romane pour la remplacer par une gothique ! Dessin aquarellé d'Émile Sagot, vers 1875. (Charenton-le-Pont, MAP.)

1872 : envoyé sur proposition de Viollet-le-Duc, Édouard Corroyer arrive au Mont avec ses convictions, dont l'unité de style du monument. Outre ses vraies restaurations (échafaudage sur le réfectoire), il ajoute des créneaux de château médiéval au sommet de la façade nord de la Merveille. (Charenton-le-Pont, MAP.)

Dessiné fin XIXe siècle, le Mont vu (de gauche à droite et de haut en bas) de l'orient, du couchant, du septentrion et du midi. La restauration envisage alors des projets aussi nombreux que variés. L'architecte Édouard Corroyer projette de reconstruire les trois travées romanes disparues de l'église et de lui remettre les deux tours de façade jadis construites par l'abbé Torigni. Dessins d'Édouard Corroyer, plume et aquarelle, 1873. (Charenton-le-Pont, MAP.)

Déjà en 1600, imprimé par les moines, un opuscule donne l'histoire du Mont et quelques renseignements pratiques. 1866 : parution du *Voyage au Mont-Saint-Michel*, premier guide illustré de photographies pour ceux qui « excursionnent » au Mont. 1872 : le train arrive à Pontorson, d'où, en 1901, partira le tramway à vapeur conduisant au pied du Mont. 1890 : les Chemins de fer de l'Ouest proposent des trains de plaisir, à tarif réduit. 1906 puis 1921 : guides signés de l'architecte restaurateur Paul Gout. (Charenton-le-Pont, MAP.)

plus respectueux de l'authenticité. L'« interprétation » la plus flagrante est celle du clocher actuel de l'église abbatiale. En 1897 l'architecte Victor Petitgrand le remplace par une tour néoromane surmontée d'une flèche néogothique de 32 mètres. La ressemblance est évidente avec celle alors récemment refaite par Viollet-le-Duc, son ancien maître, pour Notre-Dame de Paris. Petitgrand veut couronner sa nouvelle flèche d'une nouvelle statue de saint Michel, car selon ses sources il y en avait une, dorée, au XVIe siècle. La République l'écoute, et s'offre le luxe de commander au sculpteur Emmanuel Frémiet un saint Michel en cuivre doré dépassant 4 mètres. Voyageur immobile dans les nuées, l'archange triomphant piétine Belzébuth, l'ange déchu, dans un style à la Raphaël. Le prince des milices célestes est désormais inséparable de la silhouette internationale du Mont-Saint-Michel.

Prenez des jumelles, ces lunettes d'approche qui rendent le lointain si proche…

Ce laboratoire des restaurations qu'est devenu le Mont finit par ressembler à l'image illustre des *Très Riches Heures du duc de Berry* (première moitié du XVe siècle), soit un Moyen Âge un peu idéalisé.

Le Mont-Saint-Michel est parmi les plus beaux paysages entre ciel, terre et mer. Il se dessine dans le frémissement d'une atmosphère à la Joseph Turner, mâtinée de drame croqué à la Victor Hugo, sur un fond de musique passionnelle de Richard Wagner. C'est une promesse qui tient ses promesses.

Lorsque vous aurez gravi les centaines de marches de rude granit et que vous accéderez aux terrasses suprêmes au niveau du parvis de l'église abbatiale, prenez le temps de respirer les paysages du large. Au sud le proche mont Dol, la Bretagne, les polders ; à l'ouest la Manche, loin derrière l'immensité de la baie en gris-bleu, avec qui sait, peut-être, quelques phoques alanguis ; au nord Tombelaine la silencieuse, les herbus, le Cotentin.

Le Mont-Saint-Michel au péril de la mer est un cadran solaire géant. Sur les grèves infinies qui l'entourent, l'ombre de la flèche de l'église tourne doucement, pour indiquer la course du soleil, pour indiquer tous les horizons, pour offrir tous les songes.

Le patrimoine appartient à celui qui le regarde.

S'allongeant sur le sable infini : le Mont transformé par la course du soleil en style de cadran solaire colossal. À droite, la silhouette qui surgit n'a rien d'inquiétant : c'est une gargouille narquoise, l'une des sentinelles de la pluie perchées à angle droit au-dessus des vertiges de l'abbaye.

REGARDS SUR
LE MONT-SAINT-MICHEL

Avec pour horizon
breton les herbus précédant
les polders protégés par
une digue, voici l'enceinte
sacrée sur son socle de
granit. Couronne d'arêtes
suspendue, le Mont est
un acte d'amour entre ciel,
mer et construction
des hommes.

Toujours à vol de mouette : le Mont par le côté ouest, avec la façade de style classique de l'église abbatiale, et sur son parvis la vaste terrasse permettant d'admirer autant Tombelaine, le Cotentin, la lointaine Manche que les îles Chausey quand elles veulent bien se dévoiler. De la terrasse sud, il y a la vue sur la Bretagne et le mont Dol (63 m), la troisième butte granitique, entourée de terre et de marais depuis l'Antiquité. Mais la commune du Mont, créée en 1790, ne se limite pas aux 2 hectares du mont, elle comprend aussi 397 hectares agricoles rattachés au continent.

Ceinturé de ses remparts moyenâgeux, le Mont est un incroyable concentré de civilisation, et de tourisme. On aperçoit fort bien la contrainte qui a été celle des constructeurs pendant des siècles : établir une église abbatiale sur le sommet très étroit, des salles conventuelles dont la Merveille sur les côtés du sommet, mais aussi tourner autour du rocher, pour tous les autres bâtiments. D'où l'étrange configuration des installations du mont en pain de sucre surgissant au milieu des 40000 hectares de la baie. À l'horizon : l'îlot de Tombelaine précédant la côte normande du Cotentin.

La tangue (sable de la baie) encercle un peu plus chaque année le Mont. Les herbus, prairies naturelles, colonisent les anciennes vasières : 20 à 40 hectares de plus chaque année. C'est le domaine des 10000 à 15000 moutons de pré-salé, race locale « grévine » à tête et pattes noires. Lancé, comme l'omelette, par la renommée de l'auberge de la Mère Poulard, le gigot d'agneau de pré-salé est réputé grâce à l'alimentation des animaux, broutant de l'herbe submergée deux ou trois fois par mois sous les vives eaux de certaines marées.

Le dicton « Si tu vas au mont, confesse tes péchés et fais ton testament » date du temps où seule la traversée pédestre à marée basse permettait de rallier la Jérusalem céleste. Il n'en demeure pas moins que les quatre dangers de la baie sont toujours là : le brouillard ; la foudre ; la marée ; l'enlisement, dans les « lises », la hantise millénaire du sable perfide.

Vous croyez que la surface est sèche, qu'elle vous permet de marcher sur du terrain ferme : illusion, ce n'est qu'une pellicule cachant une poche de vase insondable gorgée d'eau. Relisons Victor Hugo : « Le misérable essaye de s'asseoir, de se coucher, de ramper, tous les mouvements qu'il fait l'enterrent ; il se redresse, il s'enfonce, il se sent engloutir ; il hurle, il implore, désespère… Le voilà dans le sable jusqu'au ventre, le sable atteint la poitrine, il n'est plus qu'un buste. Il élève les mains […] crispe ses ongles sur la grève, veut se retenir à cette cendre, s'appuie sur les coudes pour s'arracher à cette gaine molle, sanglote frénétiquement ; le sable monte. Le sable atteint les épaules, le sable atteint le cou ; la face seule est visible maintenant. La bouche crie, le sable l'emplit ; silence […] sinistre effacement d'un homme. »

Après quelques « palis » de bois rudimentaires, au XIIIe siècle, le Mont se construit une protection plus efficace : un mur reliant, sur le bord de la grève, les quelques dizaines de maisons du village. Alors que les conflits approchent, le Mont se dote de vrais remparts : une paroi longue, haute, reliant plusieurs tours. La guerre de Cent Ans accélère le chantier des fortifications, abbaye comprise. Louis XI, très attaché au Mont, finance sa militarisation. Trois tours nouvelles sont édifiées vers 1480, dont la Boucle. Sur cette photo, on situe surtout la grosse tour Boucle qui préfigure les conceptions de Vauban. Avançant de 20 mètres sur la grève est, ses murs (4 m d'épaisseur), abritent quatre étages avec embrasures à « veuglaires » (bouches à feu) en fer forgé très en avance sur leur temps puisqu'elles se chargeaient par… la culasse. Détail qui paraît invraisemblable : remparts et tours sont bâtis sur… du sable. Leurs fondations s'appuient sur la tangue, à 5-7 mètres. Car, quand elle est vraiment sèche, surtout en profondeur, la tangue devient une véritable semelle de béton.

La tour Gabriel est conçue en 1524 par le capitaine Gabriel du Puy de Murinais. Ce bastion de 16 mètres de diamètre, doté d'une quinzaine d'embrasures, permettait de tirer dans toutes les directions : feux rayonnants, croisés, flanquants. Posée sur le rebord à gauche, une échauguette servait à guetter l'horizon sans risquer des coups de mousquet. Au sommet, la petite tour avec toit en poivrière est un moulin à vent ajouté au XVIIIe siècle. Au XIXe, il servira de phare pour la navigation.

Sans cet enchevêtrement d'arcs-boutants, de contreforts, avec leurs pinacles, consolidant les murs du chœur, celui-ci s'écroulerait, bousculé par ses forces latérales. Le chevet du bijou de granit est donc une réussite d'équilibre entre les maçonneries et les parois aussi légères qu'élancées. Dans sa luxuriance de pierreries, le flamboyant jette les derniers feux du Moyen Âge puisque le chœur est achevé en 1523, alors que la Renaissance est déjà en pleine floraison. Au-dessus des logis abbatiaux, entre les arcs-boutants et la nef de l'église abbatiale, c'est le bras sud du transept. À la différence du bras nord du transept raccourci, modifié au XIIIe siècle pour loger le cloître, le croisillon sud, lui, est intact. Il a longtemps abrité l'autel de la Trinité où étaient vénérées les principales reliques.

Lisons cette photo de droite à gauche. À droite à mi-pente : la tour basse Claudine, qui abritait poudres et munitions. Elle domine l'arrivée de l'escalier du Grand Degré extérieur. À sa gauche : la barbacane crénelée, dominée par les deux tours cylindriques du châtelet, la tour pointue des Corbins (corbeaux) permettant la circulation entre les trois étages de la Merveille avec son toit en A. Au centre : la salle de la Belle-Chaise avec ses hautes fenêtres étroites, et son rez-de-chaussée abritant la salle des Gardes. À sa gauche : la tour Perrine, six étages qui abritaient une garnison (guerre de Cent Ans) sur l'ordre de son constructeur, l'abbé Pierre Le Roy. Après, c'est la bailliverie, un peu en retrait. Enfin : l'immeuble altier des logis abbatiaux et leurs puissants contreforts. Au tout premier plan en bas, le clocher de l'église paroissiale Saint-Pierre. Ce sanctuaire roman aurait été fondé au souhait de l'évêque Aubert. Mentionnée par une charte de 1022, cette église a été largement remaniée, notamment aux XVe et XVIe siècles. Depuis 1886, elle abrite le centre du pèlerinage de saint Michel.

Au-delà de la barbacane : le châtelet avec ses deux tours. Entre ces « fûts de canon », le Gouffre, escalier redoutablement abrupt. Si l'arrivant était un assaillant, une herse lui tombait devant le nez, tandis que des objets contondants lui arrivaient sur l'occiput. Tout visiteur, sauf s'il était prince du sang, devait déposer ses armes à la salle des Gardes, elle-même verrouillée d'une lourde porte. Tout ce passage obligé était joyeusement dénommé « l'Assommoir »…

Surplombé par deux ponts de circulation interne, le Grand Degré intérieur avec ses paliers de procession mène à l'église abbatiale et à la terrasse de l'ouest.

Le Grand Degré intérieur

Dans le gothique, les murs assez minces ont naturellement tendance à s'écarter vers l'extérieur. Le danger d'effondrement est corrigé par des soutiens très ouvragés entrecroisés entre eux : les arcs-boutants, sortes de ponts de pierre qui partent des contreforts, enjambent le vide pour venir soutenir les côtés du chœur. En haut des contreforts, les pinacles pointus jouent un double rôle : une fonction esthétique, pour accentuer l'impression d'élévation, et celui de poids lourd, qui assied un peu plus la maçonnerie dont il occupe le faîte. La technique flamboyante a porté le gothique à son sommet. C'est pour cela qu'on la porte au pinacle.

Ci-dessus

L'escalier de dentelle : il est installé sur le dos du « rampant » d'un arc-boutant qui enjambe le vide entre un contrefort plus solide que les autres et la galerie qui entoure le toit du chœur.
Ce gros plan en montre l'exceptionnelle balustrade ciselée au XVIe siècle.
Il s'est longtemps colporté que le sculpteur de cette performance gothique était un prisonnier nommé Gaultier, qui se serait suicidé du haut d'une plate-forme du Mont.

Double page suivante

Cette photo audacieuse, faite du faîte de la flèche, domine le chœur, le bras sud du transept à droite, le village en contrebas, les grèves au-delà, un jour de vives eaux. Les points de lumière ne sont autres que des projecteurs.
Cette vue aérienne permet d'observer la forêt des arcs-boutants qui entourent le clocher avec sa double couronne étagée de pinacles pointus montant à l'assaut des toitures du chevet.

Les trois premières travées romanes (des sept originales) de l'église du XIe siècle s'écroulent dans le onzième incendie du Mont, en 1776. Dans leur chute elles entraînent celle de la tour (de droite), survivante des deux construites par Robert de Torigni au XIIe siècle. Alors, en 1780, les moines mauristes reconstruisent cette façade austère, dite « classique », rappelant un peu la « facture » jésuite. À gauche l'ancien dortoir abritant l'une des deux librairies de l'abbaye. Les mauristes manquaient de moyens et de… goût pour l'architecture. Théophile Gautier, amoureux du Mont, qualifiera cette façade de « devanture »… Heureusement, en cet endroit précis, le spectacle est ailleurs, avec les points de vue offerts par la terrasse de l'ouest, établie sur l'emplacement de feu les trois travées incendiées.

Grand escalier roman de circulation intérieure transversal nord-sud.

L'église Notre-Dame-sous-Terre. Au fond, les gros blocs grossièrement appareillés laissent espérer qu'ils sont la trace de la première grotte artificielle consacrée à saint Michel par l'évêque Aubert. À noter, les briques carolingiennes des arcades ainsi que l'ancienne tribune de reliques au-dessus des pierres appareillées.

Le promenoir des moines pratique le mélange des deux styles. Il est la preuve de l'arrivée du gothique au Mont. L'affaire s'est déroulée en trois temps. D'abord, cette longue salle scindée par cinq colonnes, pouvant accueillir une cinquantaine de personnes, est aménagée simplement au XIe siècle avec un rustique plafond de bois. Après l'écroulement du mur nord de la nef de l'église et l'incendie de 1112, une voûte d'arêtes avec arcs-doubleaux est mise en place. Troisième phase, donnant le visage actuel : une réfection courant du XIIe siècle. Cette intervention installe une voûte à croisées d'ogives sur la base des colonnes et des murs romans. Résultat : la maladresse des arcs s'encastrant avec difficulté dans la paroi. Difficile d'attribuer une fonction de promenade à ce lieu austère. Les moines mauristes, maîtres du Mont à partir du XVIIe siècle, ne se poseront pas de questions puisqu'ils feront du supposé promenoir leurs latrines.

La salle de l'Aquilon, qui, jadis, était toute proche de la première entrée de l'abbaye romane au nord-ouest. D'où le nom d'Aquilon, redoutable vent froid du nord. C'est là que des milliers de pèlerins ont été accueillis alors qu'ils venaient de traverser les grèves. Daté du XIe siècle, l'Aquilon est divisé en deux nefs, par trois colonnes massives. Le XIIe siècle a apporté des voûtes de pierre en arêtes. Si vous les observez, vous pouvez y discerner des traces de coffrage. Le savoir-faire des années 1100…

Ces blocs aux colorations tirant sur le rouge, dues à l'incendie de 1834, auraient pu être changés contre des granits neufs par les deux premiers restaurateurs. Le troisième architecte, Paul Gout, voulait maintenir les traces du passage de l'Histoire. Il a donc gardé les blocs rougis : « Toutes les pierres sont également respectables [...] la recherche systématique de l'unité [de style, l'idée de Viollet-le-Duc] conduit à arracher des pages intéressantes du livre que constitue le monument sous prétexte qu'elles ne sont pas écrites avec les mêmes caractères. » Pas sûr que les conceptions de P. Gout aient été bien admises par tous ses contemporains...

1521 : la vieille nef est mariée avec un jeune chœur flamboyant. Flaubert (1847) sera d'accord avec cette greffe : « L'église a un chœur gothique et une nef romane, comme pour lutter de grandeur et d'élégance. » Les maçonneries romanes sont épaisses, pesantes. Avant remaniement, elles sont parfois instables, voire incapables de supporter une voûte sommitale. Pour le plafond, à 17 mètres de haut, on optera pour le système normand traditionnel du berceau lambrissé. Ces faiblesses de structures ont provoqué plusieurs écroulements, par exemple du côté nord de la nef en 1103, sur le... dortoir des moines. Lesquels, Dieu merci, sont alors à l'office de matines. Incroyable : au XVIe siècle, la nef romane a bien failli passer de vie à trépas. Enthousiasmés par la réussite du chœur flamboyant les abbés imaginent une abbatiale entièrement à l'image du chœur. Si vous regardez le côté sud du chevet, vous y distinguez des départs d'arcades. Le chantier de reconstruction en « total gothique » avait bel et bien commencé !

L'élan intérieur du chœur gothique culmine à 25 mètres. La voûte finale est ornée de clés arborant des armoiries : celles de l'abbé Jean III de Lamps, qui a terminé le nouveau chœur. On peut encore reconnaître d'autres écus, comme celui de l'abbé Jean IV le Veneur qui reçut le roi François Ier.
« Roman… le retour » : à la fin du XIXe siècle, on a frôlé la refonte totale de l'église abbatiale en style roman ! Dans le droit fil de la doctrine de Viollet-le-Duc, les deux premiers restaurateurs du Mont ont eu envie de détruire tout ce qui est gothique dans l'église pour revenir au sanctuaire roman intégral, y compris les trois travées ayant sombré dans l'incendie de 1776. C'eût été un clone néoroman, conforme à la célébrissime miniature des *Très Riches Heures du duc de Berry*. On a frôlé le mépris total du passage de l'Histoire.

« Soyez les veilleurs-éveilleurs », avait dit le cardinal Marty au moment de la fondation, en 1975 à l'église Saint-Gervais, à Paris, des Fraternités monastiques de Jérusalem. Depuis 2001, au Mont, le renouveau spirituel de la Jérusalem céleste est représenté par une demi-douzaine de moniales et à peu près autant de moines, tous vêtus de blanc crème. Leur prieure et leur prieur sont à demeure sur « le Mont qui est prière » disaient les moines du Moyen Âge. En revanche, les sœurs et frères alternent – quelques semaines, mois, voire un an – vie contemplative dans l'abbaye et vie active salariée, souvent loin du Mont. Sorte de mi-temps entre Dieu et gagne-pain, « à la suite de Jésus passant de ville en ville pour monter à Jérusalem ». Les deux communautés, autonomes, vivent de manière séparée, seule la liturgie les réunit. Exemple, sur la photo ci-dessus, pour l'office de la mi-journée, fréquemment suivi par les visiteurs, fidèles ou non. D'ailleurs, les retraites spirituelles sont possibles à l'abbaye, en semaine, pour quelques personnes, grâce à quelques chambres d'accueil. Pour ces religieux, c'est une immersion priante dans la foule qui passe, « cité en itinérance ». Vocation des Fraternités : promouvoir l'esprit du désert monastique au cœur des villes par la beauté de la liturgie. Oasis de prière où chacun peut venir se ressourcer.

Le croisillon sud de l'église abbatiale est soutenu par la crypte Saint-Martin et son exceptionnel arc-doubleau d'une ampleur de 9 mètres.

Crypte des Gros Piliers : les deux du centre, « en palmier », sont caractéristiques, comme les huit autres beaucoup plus corpulents, du gothique flamboyant. Les dix piliers romans d'origine s'étaient écroulés en même temps que le chœur roman qu'ils soutenaient en 1421. La reconstruction de cette crypte, de 1446 à 1452, a établi le nouveau soutien souterrain au chœur gothique, achevé lui en 1521-1523. Cette crypte est étonnante sur le plan technique tout particulièrement par l'ajustage précis du profil prismatique des nervures du voûtement et leur pénétration dans le fût des colonnes. Réussite admirable compte tenu des moyens matériels modestes dont disposait la caste des architectes, des tailleurs de pierre. Par bonheur, ces maîtres prenaient de l'assurance et de l'expérience de chantier en chantier. Ils étaient devenus de fins calculateurs des charges, des poids, des poussées.

Dès l'origine, la crypte des Gros Piliers, bâtie à partir de 1023, soutient le chœur de l'église abbatiale. Mais celui-ci s'effondre en 1421, car les colonnes souterraines ne sont pas assez massives pour tenir sous le poids énorme des maçonneries romanes. De 1446 à 1452, la crypte est reconstruite sur la base des anciens piliers récupérables. Quelques-uns ont sans doute été chemisés à l'intérieur des nouveaux piliers, beaucoup plus imposants, surtout pour huit d'entre eux : 7 mètres de hauteur, 5,50 mètres de circonférence.
Les dix ont pour mission de soutenir ensemble le nouveau chœur gothique, à l'étage au-dessus.
À la différence des deux autres cryptes de l'église, sous le transept, cette crypte des Gros Piliers n'a sans doute jamais été consacrée au culte.
Cet espace un peu oppressant servait de carrefour au sein de l'abbaye. Il a été également utilisé comme antichambre du palais de justice du Mont, la salle de la Belle-Chaise, toute proche.
Certains justiciables ont dû y vivre des attentes bien angoissantes, d'autant que le décor s'y prêtait.

Le mur ouest du cloître : les trois baies témoignent encore du projet de prolongation de la Merveille par un troisième corps de bâtiment. À gauche, le chartrier ajouté fin XIVe, début XVe siècle. Cette tour carrée est due à l'abbé Pierre Le Roy, spécialiste européen du droit canon. Le chartrier a longtemps abrité l'importante collection des chartes, titres de propriété de l'abbaye, que l'on pouvait consulter sur place. Hélas, ces documents inestimables ont péri dans le débarquement de 1944.

« Le voisinage de la mer détruit la petitesse » (Stendhal).
Cette vue exceptionnelle est celle offerte par les trois ouvertures jadis pratiquées dans le mur ouest du cloître. C'est par là que les moines auraient pu entrer de plain-pied dans la future salle capitulaire du sommet du troisième bâtiment envisagé pour la Merveille. Mais, esquissé par l'ambitieux abbé Richard II Turstin, le projet a été abandonné au profit d'autres chantiers du Mont, dont la nouvelle entrée de l'abbaye à l'est : véritable refonte de la circulation des pèlerins et des moines (vers 1260).

Plusieurs architectes restaurateurs ont été sensibles au charme romantique des trois fenêtres et au point de vue qu'elles ouvrent, surtout en fin de journée. Après plusieurs formules de mise en valeur, notamment des châssis en fer vitrés, puis, en 1934, par Ernest Herpe, des grandes vitres enchâssées dans des armatures de cuivre, Yves-Marie Froidevaux a opté dans les années 1960 pour ces vastes baies toutes simples. Votre arrêt prolongé s'impose pour laisser le regard errer sur les grèves irisées par le soleil couchant.

Extrémité ouest de la Merveille. À droite, la paroi verticale armée de contreforts du bras nord du transept de l'église abbatiale. Au premier plan, le toit pointu à pignon de l'ancien dortoir des moines, aujourd'hui l'une des deux librairies de l'abbaye. Au fond : la façade ouest du réfectoire avec sa grande baie ogivale gothique. Au-dessus de celle-ci, les deux cheminées de la salle des Hôtes au deuxième niveau sous le réfectoire. La tour pointue, avec la baie derrière elle, abrite un escalier à vis pour la circulation entre les étages de la Merveille. L'épaisseur des murailles abrite des réseaux secrets de communication qui se révéleront très utiles pendant les nombreux sièges.

L'un des lieux sublimes de la Merveille : le réfectoire, placé au sommet est, au-dessus de la salle des Hôtes. Parmi les 73 chapitres de la règle, il en est un qui oblige les « moines noirs » de la Familia (nom d'origine d'un monastère bénédictin) à se sustenter uniquement à la lumière que Dieu procure, quelle que soit la saison. Alors, le maître d'œuvre, au début du XIIIe siècle, a conçu un système aussi génial que discret pour éclairer cet espace de part et d'autre : 59 fenêtres étroites, dissimulées entre les colonnettes des façades nord et sud, d'où une lumière étale.

« L'art est un moyen de plaire à Dieu » : le gothique remplit parfaitement ce devoir. Cramponnée à la face nord du Mont, la Merveille abrite six espaces magnifiques en deux bâtiments. Dans celui de l'ouest, voici la salle des Chevaliers, sans doute jamais fréquentée par des chevaliers, à part peut-être les 119 ayant participé à la défense du Mont pendant la guerre de Cent Ans. Cette dénomination peut s'expliquer par la création par Louis XI, mais à Amboise, de l'ordre des Chevaliers de Saint-Michel. Car le roi dévot, habitué du Mont, avait un faible avoué pour l'archange.

La robustesse y prime sur l'élégance. Avec quelque grandeur, cet espace est divisé en quatre nefs par trois rangées de colonnes, dont la dernière, côté sud, s'agrippe au rocher. Les arcs des voûtes sont plus aigus que dans la salle contiguë des Hôtes. Les corbeilles des chapiteaux trapus ont pour décors sculptés des végétaux à « feuillage gras » rappelant les motifs normands de la cathédrale de Coutances. La salle dite « des Chevaliers » est la plus vaste de l'abbaye, c'était aussi la moins inconfortable. Elle dispose de latrines (dans les contreforts du mur nord) et surtout de deux vastes cheminées au manteau oblique, s'élevant jusqu'aux voûtes. Aménagées côté nord, ces cheminées évitaient aux moines copistes et enlumineurs d'avoir les mains engourdies et de tremper la plume dans de l'encre figée. L'espace était d'ailleurs réparti en petites loges séparées par des tapisseries. Le *scriptorium* roman du Mont a vécu son apogée entre 1050 et 1080 : on ne sait pas où il était placé. Or, cette salle gothique des Chevaliers naît alors que le *scriptorium* du Mont a déjà commencé à décliner par la concurrence des ateliers urbains laïques. Donc, si *scriptorium* il y a eu dans cet endroit, il a dû être forcément très bref.

On subodore que cette salle des Chevaliers a été utilisée au gré des nécessités : d'abord *scriptorium ?* chauffoir ? espace communautaire ? chapitre ? et même bibliothèque ou lieu de consultation puisqu'une porte de la salle donne sur la tour du chartrier à l'angle nord-ouest ? D'ailleurs l'éclairage naturel y a été soigné, avec une grande baie dans le mur ouest et une série de fenêtres rondes, des *oculi* dans le mur nord : « Le cercle, c'est-à-dire une image du temps circulaire, une ligne parfaite et infinie, donc le plus clair symbole de l'éternité », souligne Georges Duby.

Destinée aux pèlerins de marque, la salle des Hôtes, par son élégance, est de style plutôt Île-de-France. C'est une démonstration de la technique gothique faite pour marquer le souvenir des visiteurs afin qu'ils en attirent beaucoup d'autres. Cet espace prestigieux a tellement bien rempli cette mission mondaine que les personnages importants s'y sont bousculés. Saint Louis y a été l'objet de deux grandes réceptions, en ce lieu embelli de vitraux, tapisseries, peintures, ainsi que d'un carrelage décoré aux armes de France et de Castille (Blanche). Une tradition affirme que Louis IX, par humilité, n'aurait pas profité du festin et qu'il aurait préféré monter d'un étage pour partager au réfectoire les nourritures terrestres et spirituelles des moines. Aux Hôtes, tout était prévu pour le confort des têtes couronnées et mitrées. Ainsi la cuisine était près des deux cheminées jumelées. Dans ces âtres monumentaux rôtissaient des animaux entiers, de la barbe au cul, d'où le futur mot britannique *barbecue*.

Page de droite

Au début du XVIIe siècle, un *hortulus* a vécu ici une brève existence. L'abbé du Mont a dû rapidement y renoncer, des fuites fâcheuses étant apparues à l'étage inférieur, sur les voûtes de la salle des Chevaliers. Rétabli en 1623, il est à nouveau éliminé en 1676 pour des infiltrations récurrentes malgré l'étanchéité par plaques de plomb. Il faudra attendre l'architecte Froidevaux, et sa dalle de béton, en 1965, pour que le père Bruno de Senneville, en 1966, redessine une sobre plantation.

Le cloître, ce pont
entre ciel et terre.
Au pourtour du jardin,
la galerie est soutenue
par 137 colonnettes,
en superbe « poudingue
pourpré » de la Lucerne
d'Outre-Mer (Granville).
Le rythme des colonnettes
« arrondit » si bien les angles
que la galerie forme
un circuit permettant
de marcher, de méditer,
sans se soucier du climat
ni du temps qui passe.
Le côté intérieur
des colonnettes porte
des arcades en calcaire
de Caen sur lesquelles
figurent des symboles,
des personnages :
le Christ, saint François,
un vendangeur (peut-être
Noé), et même un dragon
représentant le Malin
cherchant toujours
à susciter le péché…
Des frises végétales
et des guirlandes florales,
véritables dentelles
de pierre, exaltent la
profusion de la Création,
le dynamisme de la Vie,
le paradis terrestre
à retrouver. Quand les
moines levaient les yeux,
les pages du livre de pierre
tournaient au rythme
de leurs pas.

Le Mont de nuit permet de mieux ressentir le nouvel élan vertical imprimé par la refonte du clocher en 1897 : tour néoromane puis flèche néogothique – terminaison similaire à la flèche de plomb alors récemment signée par l'architecte Viollet-le-Duc pour sa restauration de Notre-Dame de Paris. Cette nouvelle silhouette est l'image du Mont qui désormais circule dans le monde entier. Le Mont a bien failli, une fois l'arrêt de la prison (1863), être complètement abandonné. Il était d'ailleurs devenu le fantôme de lui-même tant les défigurations et les dégradations étaient profondes. Heureusement, vers 1830 est né l'intérêt pour le patrimoine médiéval, alors complètement décrié. Venu sur place dès 1835, Viollet-le-Duc a témoigné de son admiration pour le Mont en général, l'abbaye en particulier. Très critiqué par des remarques souvent justifiées, il est un peu mieux compris désormais. On lui a beaucoup reproché son intransigeance sur sa doctrine de l'unité de style du monument par rapport à son érection d'origine. Ce qui l'a amené à des déviations, interprétations, excès. Pourtant, l'architecte, qui prônait l'utilisation du métal avant Eiffel, ne manque pas de mérites. En effet, que seraient devenus Notre-Dame de Paris, la basilique de Vézelay, celle de Saint-Denis, la Cité de Carcassonne, le palais des Papes d'Avignon voire le Mont-Saint-Michel ? Peut-être pas grand-chose, peut-être bien des ruines tombant lentement dans l'oubli, et dès lors trop coûteuses à restaurer…

SAVOIRS
AU-DELÀ...

Scriptorium et Scriptorial

« C'est un travail de bénédictin ! » L'expression est restée depuis l'époque des moines copistes et enlumineurs œuvrant avec patience et talent à rédiger, transcrire, illustrer, des manuscrits précieux. Au Mont médiéval, les ouvrages religieux ou profanes, réalisés sur place ou acquis, organisés en bibliothèque, ont attiré nombre de lecteurs. Au XXIe siècle, ces documents exceptionnels émerveillent le monde entier. Nous pouvons admirer les deux centaines de rescapés du *scriptorium* du Mont ou d'autres ateliers au Scriptorial d'Avranches.

Dès sa fondation en 966, le monastère est richement doté par les ducs de Normandie puis par les rois, notamment d'Angleterre. D'où la création du *scriptorium* servi par des moines lettrés d'origine noble. « Prie et travaille », telle est la devise des bénédictins copistes qui embellissent la parole de Dieu. Très vite il y a nécessité d'ajouter l'illustration, l'enluminure (*illuminare*, « éclairer » en latin) et même plus tard les miniatures (de *minium*, rouge). Les textes sacrés font la part belle aux quatre Pères de l'Église : vie et doctrine de saint Augustin, saint Ambroise, saint Jérôme, saint Grégoire le Grand. Les échanges débutent avec d'autres doctes correspondants, à Cantorbéry par exemple. La quête spirituelle s'intéresse aussi au savoir. Ces scribes commencent ainsi leur mission de transmission des classiques antiques, des connaissances, des auteurs contemporains. De nos jours, ces copistes seraient informaticiens… Ainsi, dès le IXe siècle, la librairie du Mont sauvegarde la copie *De l'orateur* du Romain Cicéron. Cela pour cultiver la pureté du latin. Daté de la même période, vers 850, le manuscrit contant la création (en 708) du sanctuaire de l'archange est recopié vers l'an mil. Heureuse initiative car l'original du IXe siècle est à jamais perdu !

L'âge d'or du *scriptorium* se situe vers 1050-1075. Lecture et écriture étant prière, dans la pénombre et l'humidité frisquette, voire à la clarté vacillante des lampes à huile (bésicles à partir du XIVe siècle), les moines écrivent en latin et en cursive caroline (carolingienne), l'ancêtre de notre écriture. La plume est d'oie, de cygne, d'aigle. L'encre est à base de bois calciné, de noir de fumée, avec du miel, de la gomme arabique comme liants. Les couleurs délicates sont des minéraux, des végétaux broyés, assemblés à la résine, au blanc d'œuf. Quant au support, poli à la pierre ponce, c'est plutôt du parchemin, en peau des moutons des herbus de la baie, rarement en peau d'âne ou de veau (velin). Les « tonsurés » se penchent quatre heures par jour pour quatre pages en moyenne. Les ouvrages demandent des semaines, des mois, un an. La peinture, au pinceau (gouache, lavis), est souvent de la main du copiste du texte. Le *scriptorium* tend vers la perfection, plus par la qualité que par l'originalité. Il se distingue par la création de la « lettrine ornée montoise » qui n'est autre que l'initiale, la première lettre du premier mot du livre, du chapitre, pour attirer l'attention, relancer la méditation. Cette lettrine deviendra célèbre par les prodiges d'invention décorative qu'elle déploie : rinceaux habités, animaux fantastiques, feuillages entrelacés, etc. Le charme montois réside dans un savoir-faire à la fois élaboré et simple aboutissant à de la gaieté élégante. Bientôt lui succédera la lettrine historiée, avec des personnages vrais ou symbolisés. Les enluminures gothiques, dès le XIIIe siècle, seront plus réalistes, avec un sens du mouvement, une allusion au sentiment. Nous connaissons onze de ces ténors du manuscrit du *scriptorium* renommé. Ceux osant transgresser l'humilité *gratis pro deo*. Pour le plaisir, citons Fromond qui dévoile sa signature au terme d'un gros volume entièrement de sa dextre. Aveu à la fois immodeste et drôle :

Vive la main qui s'applique
à si bien écrire,
Si quelqu'un est le copiste, tu
cherches, lecteur, à le connaître.
C'est Fromond, qui, avec zèle,
écrit le livre de bout en bout.
Ce qu'il a transcrit est
très considérable,
Que d'œuvres pies
il a ainsi accomplies !
Bienheureux Fromond,
Voilà un frère qu'on doit
aimer pour toujours !

Un cloître sans bibliothèque, c'est une armée sans arsenal

Déjà bien garnie au XIe siècle, la bibliothèque du Mont prend son envergure européenne au XIIe siècle avec Robert de Torigni. Le puissant abbé construit son mythe grâce à sa passion des belles-lettres, de la bibliophilie. Il active ses copistes, utilise des sources antérieures et contemporaines (certains le taxent de compilateur) pour établir sa chronique historique, célèbre au Moyen Âge car de caractère universel : l'abbé entame sa narration à saint Jérôme pour la terminer à son époque. L'actualité y est donc traitée, dont celle de Normandie. En même temps Torigni termine le magnifique cartulaire, reprenant tous les récits de la fondation de l'abbaye

Saint Michel terrassant le démon, saint Augustin, *Traité des psaumes* (avant 1060). À part Aristote, les deux vedettes des manuscrits de l'ancienne « Cité des livres » sont saint Augustin et saint Michel. L'archange ne doit pas être confondu avec son rival d'outre-Manche, saint Georges, qui lui est à cheval et dépourvu d'ailes. Ce qui change tout. (Avranches, Bibliothèque municipale, ms. 76, fol. 1 verso.)

Lettrine F de *Faustus*. Saint Augustin, *Contre Faustus*, avant 1060, par le moine Giraud. Trait et gamme des couleurs typiques du *scriptorium* du Mont : ce manuscrit relate la controverse courtoise entre l'évêque d'Hippone et Faustus, le manichéen, tenant du principe du Bien et du Mal, sans nuances. (Avranches, Bibliothèque municipale, ms. 90, fol. 2.)

Lettrine historiée de *Primus*. Eusèbe de Césarée, *Chronique de Robert de Torigni*, tenue entre 1150 et 1186. L'auteur, anonyme, reprend le style et le bestiaire du cartulaire maison, antécédent. Cette illustration, comme souvent dans la *Chronique*, honore le travail de l'écrivain, exemple Sigebert de Gembloux, lui-même auteur d'une célèbre compilation historique au Moyen Âge. Dans la main droite du scribe, la plume ; dans la gauche, un couteau pour gratter les « pâtés ». (Avranches, Bibliothèque municipale, ms. 159, fol. 7 verso.)

et l'inventaire des possessions de celle-ci, afin d'en exalter la mémoire. Entreprise qui se révélera encore plus utile quand 3000 chartes originales du monastère partiront en fumée dans le bombardement de Saint-Lô, le 6 juin 1944... Par ailleurs, l'abbé Robert encourage un moine « trouvère » de son équipe, Guillaume de Saint Pair, à rédiger en langue romane, plus accessible, le *Roman du Mont-Saint-Michel*. Œuvre de 3781 vers, soulignant l'origine du sanctuaire par le songe d'Aubert. En outre, l'abbé de Torigny, curieux et féru de tout, commence à diversifier la bibliothèque. Jusqu'alors elle compte en priorité des textes de théologie, liturgie, méditation, plain-chant grégorien, etc. Le moraliste saint Augustin y occupe une place privilégiée : 30 traités avec quatre images de lui en pleine page, contre 3 pour le héros local, saint Michel. À partir de Torigni l'ouverture au monde extérieur se précise et va s'accélérer. Notoirement avec une sorte d'encyclopédie rassemblant le savoir accumulé depuis l'Antiquité : mathématiques, géométrie, astronomie, médecine, droit (le Code justinien), histoire, et même un curieux traité musical de Boèce transmettant l'héritage de Pythagore et le calcul savant des proportions numériques idéales, bien avant l'apparition des notes. Des ouvrages que l'on vient de plus en plus consulter de fort loin, surtout pour les livres tournés vers la littérature, la philosophie, la rhétorique, la grammaire. Il y a là des textes copiés de Platon (XIIe siècle), Sénèque, Pline, Ovide, et en premier, pour sa logique, Aristote. Entre la production maison et les acquisitions se multipliant, Robert de Torigni aurait rassemblé 140 ouvrages. Cette librairie est alors logée dans l'une des deux tours (celle de l'Horloge, à gauche) par lui construites de part et d'autre de la façade de l'église abbatiale. Tour qui s'écroulera en 1300, détruisant la quasi-totalité de la riche collection constituée par Torigni et ses successeurs, soit probablement des centaines de manuscrits.

Les 203 manuscrits rescapés du Mont-Saint-Michel

La lumière du brillant *scriptorium* s'éteint doucement au XIIIe siècle par l'émergence du gothique, et surtout par la concurrence des ateliers laïques urbains (Sorbonne, 1257), la circulation d'excellents copistes illustrateurs itinérants. Dès lors, les moines du Mont voyagent beaucoup plus et reviennent chargés de manuscrits, tandis que les moines-novices de retour d'études (collège du Mont, Paris) font de même avec d'autres apports. Le Mont s'enrichit par exemple des décrétales du pape Grégoire IX ou encore avec une bible splendide sans doute produite, enluminée à Paris. À la fin du Moyen Âge (1453) la bibliothèque du Mont a peut-être regroupé jusqu'à 800 manuscrits. En 1791, le fonds du monastère, 4000 volumes, dont une large majorité de livres imprimés, est attribué à la municipalité d'Avranches, à 20 kilomètres du Mont. Parmi les splendeurs à voir, en alternance :

– copie vers l'an mil par le moine Hervard de la *Revelatio* originelle (IXe siècle) maintenant disparue ;

– le cartulaire, XIIe siècle : manuscrit considérable terminé sous la direction de Robert de Torigni ;

– la bible dite « de Paris », XIIIe siècle : 1200 pages, 2 volumes par le même scribe, 84 lettrines historiées ;

– savoureusement illustrées, les décrétales (droit canon) de Grégoire IX (1230, Padoue, Italie) ;

– plusieurs manuscrits concernant saint Augustin, le docteur de la Grâce ;

– Aristote : documents précieux s'égrenant du Xe au XIVe siècle ;

– des fragments d'Évangile que l'abbaye possédait au VIIIe siècle.

La vitrine du Scriptorial, c'est un voyage immobile, mais inoubliable, parmi les témoins du bouillonnement spirituel, artistique, intellectuel, scientifique du Moyen Âge, trop longtemps catalogué d'obscurantiste.

La tentation de Tombelaine

Lieu désolé, étrange, avec sa silhouette de sphinx, la tête étant l'éminence de la Folie, 47 mètres, Tombelaine a pourtant attiré beaucoup de monde. Cet îlot granitique, à 3 kilomètres au nord du Mont, a connu une histoire mouvementée. Depuis 1985, c'est une réserve ornithologique, interdite du 15 mars au 15 juillet (nidification). Après quelques ermites, dans les premiers siècles chrétiens de Normandie, le XIe siècle et la fermentation intellectuelle du Mont y amènent quelques longs séjours de moines savants cherchant la solitude : Robert de Tombelaine (ouvrage sur le Cantique des Cantiques), Anastase le Vénitien, helléniste et latiniste réputé (1048).

1137 : Bernard du Bec, réformateur, bâtit un prieuré et trois cellules où les moines du Mont doivent retraiter spirituellement à tour de rôle. L'abbé y ajoute la chapelle Sainte-Marie-la-Gisante : début du pèlerinage consacré à la Vierge, complémentaire à celui de saint Michel. Les processions partant du Mont feront parfois le détour par Tombelaine.

XIIIe siècle : fortifications par Philippe Auguste; puis, provoqué par les moines, l'exil de Jourdain, l'abbé mondain ayant lancé la Merveille, avec son espace d'apparat, la salle des Hôtes.

1356-1380 : première occupation par les Anglais (de la guerre de Cent Ans), qui reviendront de 1420 environ à 1450. Les Godons fortifient l'îlot, le dotent d'une garnison. Le Mont soutient le siège et ne cédera jamais.

Pendant une trêve de la guerre, toujours vers 1420, « le Couesnon en sa folie... » décide un beau matin de passer au nord du Mont, entre celui-ci et Tombelaine. C'est là une douve intermittente supplémentaire pour le Mont, et une défense naturelle pour Tombelaine, à nouveau anglaise. Mais c'est surtout un handicap de plus pour l'ennemi. En effet, les Godons, déjà contraints « de jouer » avec les pièges de la tangue et les heures de reflux, doivent désormais franchir le flot du Couesnon, avec de lourds engins de siège, y compris les bombardes que l'on peut toujours voir derrière la porte de l'Avancée.

En 1420, l'abbé Jolivet, qui passera à l'ennemi anglais, fait prélever 3000 livres de plomb sur la chapelle Saint-Antoine pour aménager une citerne sur le Mont. Les pèlerins faisant étape par Tombelaine doivent payer un péage aux soudards anglais pour continuer leur chemin vers le Mont : l'ennemi en profite aussi pour les contrôler au cas où ils transporteraient des armes pour la défense du Mont. Déjà les mesures antiterroristes...

Il se raconte qu'au XVIe siècle, les protestants de la troupe Montgomery fondaient discrètement sur l'îlot les objets d'art sacré volés dans les églises pour les transformer en fausse monnaie...

1666 : jusque dans la baie, Louis XIV poursuit de sa hargne son ancien surintendant des Finances. Nicolas Fouquet est en effet, entre autres, maître de Tombelaine. Fouquet, paraît-il, avait choisi Tombelaine comme bastion de rébellion contre le roi. Celui-ci, en découvrant le plan, aurait décidé de raser toutes les constructions. Ce qui fut exécuté par le marquis alors gouverneur du Mont. À la Cour, certains rajoutaient que les Anglais pouvaient retrouver leur base sur ce caillou.

Vers 1925, la vague du bronzage arrivant, Tombelaine séduit les investisseurs. À leurs yeux, y compris ceux d'un architecte des monuments historiques, ce rocher aride peut devenir une station balnéaire, une Côte de Saphir rivalisant avec la Côte d'Azur... Une société est alors créée, le Groupement national de la baie du Mont-Saint-Michel, qui élabore un projet grandiose avec villas, hôtel, casino... Certains y ont cru, mais tout leur bel argent est parti dans une faillite retentissante. L'État a racheté Tombelaine en 1933.

Une petite place pour un personnage folklorique : le « marquis de Tombelaine ». Vers 1875, Jean Gauthier, un vagabond, s'installe une cabane sur l'îlot. Il guide les attelages et les « excursionneurs » traversant les grèves. Cheveux longs, barbe de prophète, vivant de pourboires, le « marquis » est un gaillard habitué des bistrots du Mont et d'ailleurs. Pourtant, c'est l'eau qui sera sa perte ! En 1892, un jour d'ivresse, lui, le professionnel des pièges de la baie, se noie dans la marée montante. Le marquis de Tombelaine avait un autre surnom : Jean le Déluge...

Robert de Torigni, roi des abbés, abbé des rois

Entre 1100 et 1150, éboulements, incendies, querelles avec les ducs de Normandie se multiplient, la règle bat de l'aile. L'abbaye ne va pas fort, y compris du côté trésorerie. 1154 : l'abbé Robert de Torigni est désigné par son souverain protecteur, roi d'Angleterre, duc de Normandie, Henri II Plantagenêt (qui viendra trois fois au Mont). Courtisan et diplomate habile, l'abbé organise la réconciliation de Louis VII et Henri II, le nouvel époux d'Aliénor d'Aquitaine, récemment répudiée par le roi de France… Écouté de deux papes, arriviste disent ses détracteurs, il remet sur pied le culte et recrute à tour de bras. Le nombre de 60 moines sera même atteint. Côté matériel il remonte par une gestion efficace l'abbaye amoindrie. Il se conduit comme un véritable seigneur temporel. Il agrandit le fief de l'abbaye qui se monte alors à des dizaines d'évêchés, paroisses, prieurés, villages, ports, pêcheries, moulins, forêts, salines, vignobles, exploitations diverses, élevages, chasses, bien sûr avec droits afférents. Jamais le Mont ne sera aussi puissant, de la Cornouailles britannique à l'estuaire de la Loire en passant par les îles proches du Cotentin. L'abbé Robert est un constructeur. Pour l'accueil des pèlerins de haut rang, il bâtit une hôtellerie (écroulée en 1818) de trois étages, sur le flanc sud-ouest du rocher. Sur la pente ouest il s'offre un immeuble, actuellement sous la terrasse du parvis de l'église. Sous son appartement il fait aménager deux cachots, « les jumeaux », car outre son rang d'évêque, il s'arroge les apanages de la justice. Proche des jumeaux, une autre pièce abritera l'une des « fillettes », les sinistres cages de réclusion barbare très prisées par le roi Louis XI. Torigni ajoute deux tours à la façade de l'église abbatiale. Celle de gauche s'écroulera en 1300, entraînant la destruction de centaines d'ouvrages de la richissime bibliothèque installée par l'abbé. Le Mont est alors appelé « la Cité des livres » tant la réputation de ses manuscrits est célèbre en Europe. C'est l'apogée de la renommée spirituelle du Mont. L'abbé Robert, pratiquant des belles-lettres, exploite à fond les talents maison du *scriptorium* et réunit des centaines de textes du Mont, mais aussi d'ailleurs. Ces documents ont trait au sacré, à la liturgie, aux enseignements des Pères de l'Église, mais aussi au monde profane : histoire, sciences, astronomie, mathématiques, géométrie, penseurs de l'Antiquité, etc. L'abbé, en historien, conte l'actualité de son époque dans une chronique. Il encourage un jeune moine de son « équipe », Guillaume de Saint Pair, à rédiger un long poème en langue romane, reprenant la saga du Mont. De 1154 à 1186 : trente-deux ans d'abbatiat et de prospérité certes, mais un regret : que Torigni, figure majeure parmi les cinquante et un abbés, n'ait pas utilisé le renouveau gothique. C'est lui qui aurait pu lancer le chantier de la Merveille.

Lettrine ornée L de *Liber. Chronique historique de l'abbé Robert de Torigni*, XIIe siècle. Les deux personnages aux cheveux longs sont peut-être des ducs de Normandie qui tendent la crosse d'évêque à deux religieux. Celui du haut l'accepte, celui du bas refuse. Allusion aux suzerains voulant choisir l'abbé, alors que la communauté prétendait l'élire parmi ses « tonsurés ». (Avranches, Bibliothèque municipale, ms. 159, fol. 170 verso.)

La « Bastille des mers »

Voici l'envers du décor magique…

En 1863, malgré pétitions et lettres éplorées des Montois vivant surtout de l'activité carcérale, Napoléon III ferme la prison du Mont. La France entière a fini par s'émouvoir des conditions de survie des prisonniers au Mont. Dans ses geôles sordides, 14 000 sont passés, voire ont trépassé, de la Révolution à 1863, soit environ soixante-dix ans seulement. Déjà en 1836, avec Juliette Drouet, Victor Hugo va visiter ce véritable labyrinthe. L'écrivain, une fois de plus, n'a pas sa plume dans sa poche : « Tout y est bruit de verrous, bruit de métiers, des ombres qui gardent des ombres qui travaillent, des spectres en guenilles qui se meuvent dans des pénombres blafardes… l'admirable salle des Chevaliers devenue atelier où l'on regarde par une lucarne s'agiter des hommes hideux et gris qui ont l'air d'araignées énormes. »

Il n'a pas échappé aux souverains, à la République, aux empereurs, que l'îlot normand, cerné de sable et de flots, était l'endroit idéal pour servir de succursale à la Bastille, puis pour y suppléer, une fois la forteresse parisienne rasée. La légende noire du mont-prison dont on ne s'évade pas, ou si peu, s'amorce avec les cachots aménagés aux quatre coins de l'abbaye, dont les oubliettes *vade in pace* (va en paix…) prévues pour les moines délinquants ou peu réguliers vis-à-vis de leurs vœux. Les « oubliés » peuvent l'être brièvement, mais certains y laissent leurs os… La guerre de Cent Ans enferme de nombreux soudards anglais, libérés seulement contre forte rançon. Au XIIe siècle, l'abbé de Torigni, qui se la joue baron et préfet, installe sous sa nouvelle résidence deux cellules impitoyables, « les jumeaux ». Vers 1260, un autre abbé autoritaire crée la Belle-Chaise, à proximité de la nouvelle entrée de l'est. C'est le palais de justice local qui saura fournir des occupants aux cachots voire aux gibets plantés sur la grève près de la porte du village…

La véritable « vocation » de « Bastille des mers » débute avec Louis XI. Le roi dévot, et fervent de saint Michel, découvre pendant ses pèlerinages tous les intérêts de cet îlot stratégique en forme de montagnette ciselée. Alors, en 1472, il y envoie l'une de ses féroces « fillettes » – L'« universelle aragne » peut ainsi prendre dans ses rets lointains des personnages disgraciés qui l'encombrent. Il s'agit d'une cage étroite de barreaux de bois renforcés de ferrures, et suspendue au plafond d'une cave proche des jumeaux. C'est un supplice d'une cruauté sans nom.

Noël Béda, universitaire qui a osé se moquer de l'entrevue du camp du Drap d'or, entre François Ier et Henri VIII d'Angleterre, tâtera deux ans de la fillette et y succombera. Un bénédictin mauriste ayant publié un libelle *Le Cochon mitré* contre l'archevêque de Reims, qui n'est autre que le frère de Louvois, va moisir vingt ans dans la cage, où il laissera sa raison. En 1746, Victor de La Cassagne, dit Dubourg, « séjourne » 368 jours dans l'infernale balançoire, avant de devenir fou, de se laisser mourir de faim. Le malheureux n'était qu'un pamphlétaire de Louis (dit) le Bien-Aimé… En 1785, l'immonde cage est encore à poste, avec comme (dernier ?) occupant, neuf jours, le chevalier d'Evelimont accusé de détournement de fonds.

Pendant l'Ancien Régime, les « exilés » du Mont le sont par ordre du roi, sur lettre de cachet, petit ou grand : 153 de 1666 à 1789. Les « petits cachets », la majorité, sont internés sur demande ou dénonciation de leurs proches, car dilapidateurs, violents, marginaux, débauchés, exemple Stapleton, Irlandais d'origine, qui marine pendant vingt-quatre ans sa contrition… Les « grands exilés » sont expédiés au Mont par l'arbitraire royal. Motifs : politique, conspiration, escroquerie, finance véreuse, faillite frauduleuse, dettes, sans oublier de nombreux prêtres ou moines, mauristes du Mont-Saint-Michel compris, répréhensibles de déviation janséniste… Les pensionnaires du roi, surveillés par le geôlier en chef, le prieur de l'abbaye, sont abrités pour la plupart dans les logis abbatiaux. Certains privilégiés sont en semi-liberté, comme le comte d'Esparbès, qui vit en famille et circule à sa guise sur le Mont. Donc, les lettres de cachet ne sont pas toujours des lettres de cachot…

Louis XIV abuse de son pouvoir régalien. Ainsi, Avedick, patriarche des Arméniens, ayant tenu des propos peu amènes contre le Roi-Soleil, se retrouve à l'ombre de l'abbaye pendant quelques années, après avoir été enlevé à Chio (mer Égée). Quant au Masque de fer, entrevu un peu partout, pour ici aussi c'est de l'affabulation.

Les Fanils, en bas de la pente sud du mont. Élevée en 1828, cette caserne abrite une centaine de gardiens de la maison de force et de correction, emprisonnant plusieurs centaines d'hommes, femmes, enfants. Ce bâtiment succède aux anciens entrepôts de l'abbaye.

Ce « funiculaire » avec rails de bois, c'est la rampe du poulain, côté sud. Cette échelle de pierre presque verticale, installée par l'administration pénitentiaire vers 1818, permettait de ravitailler l'abbaye transformée en grande incarcération.

Fin XIXe siècle : vu du cloître, où le jardin n'a pas encore été rétabli, voici le bras nord du transept de l'église. Visiblement la restauration s'impose, car son usage comme une extension de la prison a fait beaucoup de mal à l'abbaye, sans oublier le douzième incendie de 1834. (Charenton-le-Pont, MAP.)

Un entassement de cauchemar

La Révolution chasse les derniers moines et libère quelques prisonniers. Pourtant, les sans-culottes sauvent la « Bastille des mers » en ne la rasant pas, bien au contraire. Le ci-devant Mont-Michel, désormais Mont-Libre, devient (belle antiphrase) une prison, et rien d'autre. Premiers internés : des centaines de prêtres refusant la Constitution civile du clergé. S'ajoutent des chouans, puis des droit commun. 1793 : réclusion du premier « communiste », le conspirateur Gracchus Babeuf. Lui succédera le conventionnel Jean-Baptiste Lecarpentier, surnommé le Bourreau de la Manche, emprisonné à la Restauration pour avoir cosigné la mort de Louis XVI. Le plus curieux c'est que le régicide aura comme voisin de cellule le sabotier Mathurin Bruneau, l'un des trente faux dauphins Louis XVII... L'un voulait le tuer, l'autre prétendait être son fils !

1811 : Napoléon décrète le Mont « maison centrale de détention », un peu-beaucoup pour ses opposants. Louis XVIII fait mieux : il transforme l'établissement en maison de force et de correction, pour hommes et femmes condamnés aux travaux forcés. Complétant ce tableau idyllique arrivent aussi les vieux bagnards et ceux attendant leur déportation. Le Mont comptera jusqu'à 800 détenus en même temps, dont 80 enfants de moins de 16 ans. Pour leur ravitaillement, l'administration pénitentiaire installe vers 1820 un « poulain » dans l'ancien ossuaire des moines, sur le flanc sud du rocher. Comme au Moyen Âge, pour le cellier roman puis celui de la Merveille (par où les protestants ont bien failli envahir le Mont au XVIe siècle), il s'agit d'une sorte de grue-écureuil, grande roue « tambour » en bois de 6 mètres de diamètre, mue par plusieurs prisonniers marchant à l'intérieur. Ce poulain est toujours visible, y compris la roue et le traîneau, à l'entrée de l'ouverture aménagée dans l'ancien ossuaire des moines. Il permettait de hisser le « wagon » de 2 tonnes de provisions sur une rampe de pierre quasi verticale aménagée sur la pente du mont. Toutes les salles de l'abbaye sont alors mobilisées, défigurées par les fonctions carcérales. Même le cloître deviendra gymnase ! La salle des Chevaliers est un atelier de filature-tissage (Victor Hugo en témoigne) pour les hommes, le réfectoire revu et corrigé sur trois niveaux sert d'atelier-coton et de dortoir pour les femmes. Lesquelles cousent aussi des toiles de voile dans la salle des Hôtes, dont les gardiens les délogeront pour y dormir. Le feutre est ouvragé dans le promenoir qui sera ensuite réserve à bois. Sauf le chœur isolé par un rideau, l'église abbatiale, divisée sur deux niveaux, est utilisée à l'étage comme dortoir, au rez-de-chaussée comme réfectoire et atelier de chapeaux de paille, de chaussures, de sabots. Avec une telle promiscuité, la maladie fait des ravages : typhoïde, gale, tuberculose. Pas moins de 457 morts entre 1820 et 1830.

1832 : les « politiques » débarquent. Ils sont 77, surtout des Vendéens, légitimistes, républicains, démocrates (le peintre Édouard Colombat, l'un des rarissimes évadés).

1839 : arrivent les « rouges », farouches indisciplinés, comme Armand Barbès « l'insurgé » et Louis Auguste Blanqui « l'enfermé », éternels conspirateurs, perpétuels candidats à l'évasion. Faute de réussir la belle, ces deux fortes têtes écopent de cinq mois de « loges » (cachots de 1,6 m sur 2 !) construites en surélévation des galeries du cloître. Démolis en 1860, ces abominables mitards ne sont pas sans évoquer les « plombs », épouvantables prisons de Venise. Autre résonance lugubre : ces loges, presque clonées sur les cages de Louis XI, ont été quasiment les « fillettes » du règne de Louis-Philippe. Or le futur roi, encore tout gamin, de passage au Mont, a lui-même ordonné la destruction de la « fillette », le « monument de barbarie ».

1863 : les protestations sont unanimes contre les conditions d'« encellulement » au Mont. Cédant à l'opinion publique, parlementaires compris, Napoléon III lève l'écrou de la centrale : la catastrophe pour les Montois ! En 1850, ils sont encore 1 182, condamnés compris. En 1866, le village tombe à 203 habitants. Pourtant, la fin de la prospérité carcérale est aussi le début de la seconde vie du Mont... Déjà vers 1860-1865, les pèlerinages ont repris. Ils vont se multiplier à partir de 1870-1871, avec le soutien du parti clérical. Et surtout, c'est de cette époque, chemin de fer puis automobiles aidant, que date le déferlement de la marée touristique, accélérée par la restauration des bâtiments, la rédemption du mont-prison.

Fièvre des pèlerinages, gloire des reliques

Le rite des pèlerinages remonte à l'Orient ancien (Rois mages). Les curés du haut Moyen Âge n'ont pas besoin de prêcher, tant l'appel de Dieu et de saint Michel est impérieux. Il faut alléger son âme au Mont, y trouver l'écoute de l'archange afin qu'il vous accompagne un jour au paradis. Les pérégrinations michaeliques gagnent toute l'Europe, surtout au XIVe siècle, époque lugubre : guerres, peste, misère, peur de l'enfer (danses macabres). Une dizaine de « chemins montois » drainent de tous les azimuts les voyageurs de la piété. C'est LE voyage de leur vie. Enroulés dans leur cape, la pèlerine, les « miquelots » abattent leurs 30 kilomètres quotidiens. Ils sont parfois hébergés dans des hospices, les « sauvetées ». En 1368, 16 690 pèlerins passent par l'abbaye. Ils y trouvent le secours des moines : gîte, couvert, pansements, prières, reliques. Décidément, voilà bien l'antichambre du paradis… Cette fièvre mobilise même les gamins. En 1333, les « pastoureaux », des jeunes bergers, affluent de tout l'Ouest. Juste après la guerre de Cent Ans, en 1457, la dévotion juvénile reprend avec 4 000 adolescents de Flandre, Languedoc, Suisse, Allemagne, Pologne, etc. Croix cousue sur la poitrine, dans le dos, ces enfants font une croisade sans conquête. La Jérusalem terrestre n'est plus accessible, alors, le Mont, la Jérusalem céleste, mérite la folle aventure du pèlerinage. Peu enclins à se risquer sur les routes périlleuses, les personnages importants délèguent des remplaçants, les pèlerins-vicaires.

Cette marée humaine est soulevée par les mouvements de l'âme. L'élan est celui du désir d'entrer en contact avec l'archange : manifestation palpable de l'invisible… Toutefois cet afflux des voyageurs de la foi s'explique également par la gloire universelle des reliques, à commencer par la pièce majeure du Mont, le rocher lui-même ! Surtout quand, à dessein, les abbés l'ont laissé apparent çà et là, dans le Grand Degré intérieur ou dans certains sanctuaires de l'abbaye. Les reliques diverses sont de plus en plus nombreuses et sont toutes certifiées authentiques par les religieux, qui rajoutent à leur renommée en multipliant les récits de miracles locaux. Il y a par exemple l'histoire de cette pierre gravée en latin au nom de Jésus, qui tombe directement sur le mont au XIIIe siècle. Les rois eux-mêmes apportent leurs dons fervents, comme Philippe le Bel avec deux épines de la sainte Couronne et un fragment de la vraie Croix. Au XIIe siècle 49 reliques sont vénérées à Notre-Dame-sous-Terre et surtout dans le bras sud du transept de l'église abbatiale. Au XVIIIe, la collection atteint son maximum, 246, représentant environ 150 saints. Pour guérir miraculeusement ses maux d'ici-bas, le pèlerin vient toucher les reliques, voire se frictionner avec de l'eau dans laquelle a macéré le vestige préféré… Au Moyen Âge on croit dur comme fer en la vertu des reliques, comme au XXIe siècle on a confiance en la science. Au Mont la vitrine des reliques maison est diversifiée, dont le crâne percé (toujours visible à l'église Saint-Gervais d'Avranches) attribué à l'évêque Aubert, fondateur du culte de saint Michel. La « trace » du doigt michaelique ne serait que celle d'un kyste, tumeur bénigne n'ayant pas fait mourir son propriétaire, qui vivait avec une grosse bosse sur le côté droit de la tête. Ajoutons un bras du même Aubert, une dent de saint Jean-Baptiste, un doigt de saint Vincent, du sang (?) de saint Benoît, un charbon (?) du gril de saint Laurent, un bout du berceau (?) du Christ, quelques fils du voile de la Vierge, accompagnés de quelques-uns de ses cheveux, des épines de la sainte Couronne, des échardes de (vraie) Croix, un fragment de la sainte Éponge (sans le fiel), un autre du mouchoir (?) ayant épongé le front du martyr suprême ; et, c'est plus vraisemblable, quelques mèches de saint François, contemporain de la Merveille puisque canonisé en 1228.

Vertus attribuées aux reliques : un peu tout, avec quelques spécialités : cécité, surdité, stérilité féminine, migraine tenace (Aubert), torticolis (?), paralysie, possession diabolique, etc. Calvin ironisera à plaisir sur les 6 666 morceaux du crâne de saint Jean-Baptiste…

Ces reliques sont honorées par de longues, lentes, solennelles processions, avec chants, psaumes, incantations, lors des stations jalonnant le parcours, en particulier sur les paliers des escaliers des Grands Degrés. Cérémonies d'humilité pour demander à saint Michel d'aller directement au paradis sans passer par la case purgatoire.

Soulagés, pleins d'espoir, les pèlerins cherchent à rapporter une preuve de leur présence au Mont. Arracher un morceau du rocher n'est pas facile, et interdit. Alors ils glanent des coquilles de la baie. Dès le XIIIe siècle les béni-oui-oui de l'archange de lumière se jettent sur les échoppes de souvenirs pieux fabriqués en série. Le village, alors habité de

Vision de saint Aubert, cartulaire du Mont-Saint-Michel, vers 1150 (152 feuillets reliés au XVIIe siècle). C'est une légende rehaussée à la poudre d'or : accompagné de musiques plus ou moins harmonieuses, saint Michel pointe un index autoritaire sur le crâne de l'évêque Aubert, pour exiger SON sanctuaire au sommet du mont. L'image le montre, ce sera un édifice mi-église, mi-forteresse. (Avranches, Bibliothèque municipale, ms. 210, fol. 4 verso.)

Au début du XXe siècle, le rite de saint Michel reprend ses habitudes : cette procession chemine sur la digue-route, créée en 1879. À gauche les rails du tramway à vapeur installés en 1901.

quelques pêcheurs, comprend vite que le commerce de marchands du temple est fructueux. Ceux qui tiennent auberge ne sont pas tous honnêtes. Certains sont des filous qui grugent les pèlerins candides, c'est le « gogluage ». Pire, les guides des grèves n'hésitent pas à perdre leurs clients dans le brouillard et les dangers de la baie. Les pèlerins de marque remportent des médailles d'or ou d'argent. Les modestes se contentent d'un certificat de passage ou bien de « béatilles » (bondieuseries), d'« enseignes » (futurs insignes) vendues par les « biblotiers » : ampoules de plomb, d'étain, remplies de sable de la baie, ou de cires écoulées des cierges des autels. Sur le chemin du retour les pèlerins rencontrent des admirateurs payant leur écot pour toucher les souvenirs pieux. À la Renaissance, le grand humaniste Érasme se moquera de cette consommation crédule des « quiencailleries ».

Pèlerins ou premiers touristes, les visiteurs du Mont aiment beaucoup, au début du XXe siècle, utiliser les « maringuottes ». Ces charrettes à cheval permettent de traverser presque 6 kilomètres de grèves, en partant de Genêts sur la côte du Cotentin.

Le Mont-Saint-Michel au péril de la terre

Ce n'est plus le vieux rêve qui se jette à la mer, celui du sable battant en retraite ! Le Mont va enfin redevenir une île, lentement, sûrement. Il ne ressemblera plus à un navire de granit échoué dans la plus vaste baie de France, dans son genre, avec plusieurs estuaires : 40000 hectares. Bientôt le Mont aura à nouveau les pieds dans l'eau, au moins 150 jours de « vives eaux » par an, contre 35 à 55 en moyenne depuis longtemps. Au Moyen Âge on navigue encore autour du mont. Ainsi en 1425, en pleine guerre de Cent Ans, les marins malouins brisent le blocus des bateaux anglais pour ravitailler les Montois. Mais, l'envahisseur-sable, lui, n'aura jamais cessé son blocus. Le colmatage de la baie commence dès que les buttes du Mont et de Tombelaine deviennent des îles par la montée des eaux de la fonte de l'ultime glaciation. De -8000 environ, inlassablement, marée après marée (100 millions de mètres cubes d'eau deux fois par jour), la mer vide son sac : un million de mètres cubes de sable de plus chaque année. Il arrive plus de sédiments qu'il n'en repart puisque la marée basse a un tiers d'énergie en moins que la marée haute. Résultat : 7 à 14 mètres d'épaisseur d'ensablement dans la baie selon les endroits.

Le sable c'est de la tangue (mot d'origine viking), une farine coquillière argilo-calcaire. Du XIIe au XIXe siècle, elle a été utilisée massivement comme amendement agricole. Toutefois, le prélèvement annuel de 500000 mètres cubes n'a pas suffi à calmer le jeu de l'entassement. D'autant que depuis l'an mil les hommes n'ont cessé de modifier la nature de la baie par divers aménagement ayant accéléré le processus d'ensablement. Avec l'assentiment des abbés du Mont, véritables hommes d'affaires intéressés par la prospérité de la baie et ses diverses exploitations, y compris les innombrables salines artisanales, les vasières se sont transformées en herbus. Prairies naturelles qui se révéleront excellentes pour l'élevage des milliers de prés-salés broutant de l'herbe, de temps à autre recouverte par les marées de vives eaux. Après plusieurs tentatives, notamment en 1838, des digues stoppant les marées sont installées au Second Empire pour poldériser les herbus. C'est le début des polders agricoles remarquablement fertiles pour le maraîchage (carottes). Après avoir grignoté la baie pendant un siècle, la surface des polders est gelée depuis 1933, mais ils ne s'arrêtent qu'à 1 kilomètre du Mont ! Quant aux herbus, par l'apport permanent de vase, de tangue, ils ne cessent d'encercler le mont : 20 à 40 hectares de plus selon les années. Le XIXe siècle a aggravé la situation en modifiant le cours terminal, l'estuaire des trois fleuves côtiers : la Sée, la Sélune, et surtout le Couesnon, irrégulier dans son débit, fantasque dans ses divagations. Rappelons la célèbre formule des siècles passés : « Le Couesnon dans sa folie mit le mont en Normandie »... Dicton traduisant l'amertume des Bretons mécontents de voir le Mont annexé par le territoire voisin. Le Couesnon, caractériel, volage, changeant de lit au gré de ses humeurs, est canalisé pour son terme depuis 1863, puis corseté en 1969 d'un barrage d'écoulement dans la baie. L'effet naturel de « chasse » des sédiments grâce aux fleuves côtiers est contrarié par ces modifications hydrauliques. L'un des plus regrettables aménagements n'est autre que la digue-route, 2 kilomètres, établie en 1879 entre le continent et le mont. Les Ponts et Chaussées (ingénieur Dinet) l'ont fait stupidement buter entre deux tours des remparts et non à la porte du village du mont, l'Avancée. Cette digue-route est une barrière fâcheuse qui stoppe les courants, d'où accumulation de la tangue de part et d'autre. Bref, une suite d'erreurs auxquelles remédie, pour une grande part, le chantier de désensablement. Il a été ouvert en 2006, grâce au partenariat État-Syndicat mixte pour le rétablissement du caractère maritime du Mont, regroupant les principales collectivités locales. L'indépendance recouvrée de la Jérusalem céleste aura coûté environ 200 millions d'euros, soit l'équivalent de 25 kilomètres d'autoroute. Le Mont le vaut bien...

Bien que longs, compliqués à mettre en œuvre, ces travaux ont un but principal : essuyer une partie importante des sédiments abandonnés à marée basse. Pour ce faire, le barrage nouveau de l'estuaire du Couesnon, avec 8 vannes et 2 écluses à poisson, laisse entrer l'eau du flux marin, stocke environ 1 500 000 mètres cubes, dont le débit du Couesnon. Puis, accompagnant le reflux, le barrage opère un lâcher de « chasse », sans vague ni déferlement, pour entraîner un maximum de sédiments vers le large. Le complément indispensable à cet équipement unique au monde est la suppression en 2015 de la néfaste digue-route. Elle est remplacée par un cheminement de 2 kilomètres en trois sections : partant du lieu dit la Caserne, 1 000 mètres de digue-route sur les herbus, ensuite 760 mètres de passerelle surplombant les courants rétablis, puis 300 mètres de terre-plein submersible aboutissant, enfin, à la porte de l'Avancée. Améliorations capitales éliminant les deux parkings hideux du pied du Mont (jusqu'à 10 000 véhicules par jour en juillet-août), au profit d'un nouveau stationnement de 4 140 places à l'entrée continentale du nouveau cheminement. Le transfert des visiteurs est assuré par des navettes réversibles appelées « passeurs ». L'idée du nouveau cordon ombilical continent-mont est aussi celle d'une découverte piétonne, moment d'un réel émerveillement. Par gravitation des chasses, l'eau doit trouver, retrouver des habitudes. L'effet des lâchers devrait se percevoir à partir de 2015, plutôt 2020 et beaucoup mieux dès 2025.

En 1879, alors que la digue-route vient d'être inaugurée, le journal *La France* s'inquiète déjà de l'« enlisement » rapide de la baie... À la même époque Victor Hugo, en familier du Mont et militant de sa cause, proteste contre le nouvel état de presqu'île : « Le Mont-Saint-Michel est pour la France ce que la Grande Pyramide est pour l'Égypte. Il faut le préserver de toute mutilation. Il faut que le mont reste une île. Il faut conserver à tout prix cette double œuvre de la nature et de l'art. » La catastrophe de la baie presque comblée nous menaçait : en 1894, il était prévu que les polders devaient avoir le Mont comme limite ! Pire : au XVIIe siècle, Vauban en inspection au Mont, déçu par l'enceinte fortifiée inopérante face au progrès de l'artillerie, tourne ses regards vers le site. Il propose au Roi-Soleil de détourner Sée, Sélune, Couesnon vers le bassin de la Rance, et de transformer la baie... en prairie ! Il ne fait aucun doute que sans les travaux contre l'ensablement, dans plusieurs siècles, la baie ne serait assez rapidement qu'une verte campagne. La marée retenue et le Couesnon sont alliés désormais pour prolonger l'effet mécanique du reflux. Ce repoussoir de la gangue de tangue doit créer un nouveau paysage autour du mont. Guidé par la nouvelle configuration des sables, conforté par les lâchers marins, le Couesnon, peut-être bien que oui, peut-être bien que non, peut se séparer en deux bras, l'un au nord entre Tombelaine et le Mont, l'autre au sud, côté Ille-et-Vilaine. Bref, un Couesnon à la fois normand et breton...

C'est cela la curieuse incertitude entre le sable et l'eau.

L'un des meilleurs architectes restaurateurs du Mont, Paul Gout, dans son guide de 1906, dénonce la poldérisation accélérée de la baie « qui aura grandement perdu de son prestigieux caractère quand sa ceinture de remparts émergera de l'herbu ou des champs de pommes de terre ».

En 1879, le conflit entre l'architecte restaurateur Corroyer et l'ingénieur des Ponts et Chaussées aboutit à cette aberration de la digue-route butant entre les deux tours, du Roi à gauche, de l'Arcade à droite.

Centre des monuments nationaux

Président
Philippe Bélaval

Directrice générale
Bénédicte Lefeuvre

Éditions du patrimoine

Directeur des éditions
Jocelyn Bouraly

Responsable des éditions
Catherine Donzel

Responsable de la fabrication
Carine Merse

Réalisation graphique
Régis Dutreuil

Coordination éditoriale et documentaire
Anne-Sophie Grouhel-Le Tellec

Correction
Marianne Fernel

Conception graphique
Cyril Cohen
Régis Dutreuil

Photogravure
APS-Chromostyle, Tours

Impression
Mame, Tours, France
Dépôt légal : juin 2008

Réimpression
IME, Baume-les-Dames, France
septembre 2009
Deux-Ponts, Bresson, France
2014, juin 2016

ISBN : 978-2-7577-0012-9
ISSN : 1960-3304

Remerciements

L'auteur tient à remercier chaleureusement
l'administrateur du Mont-Saint-Michel
pour l'intérêt bienveillant qu'il a porté à ce projet.

Crédits photographiques

Yann Arthus-Bertrand/Altitude : 61
Avranches, Bibliothèque municipale : 6, 59, 60, 62, 65
Bildarchiv Monheim/akg-images : 55
Philippe Body/Hoa-Qui/Eyedea : 22
Hervé Champollion/akg-images : 29d, 34h
CMN/Philippe Berthé : 13d, 16g, 21d, 23, 38, 40g, 42d, 44, 45, 48, 49g, 51, 52-53, 66, 67
CMN/Patrick Cadet : 7, 13g, 14, 15
CMN/Daniel Chenot : 12, 16d, 25d, 28-29, 32-33, 36, 37, 39, 40d, 41, 42g, 43, 46, 47, 49d, 50, 54, 63
CMN/Colombe Clier : 31d, 56-57
CMN/Médiathèque de l'architecture et du patrimoine,
Archives photographiques/reproduction Philippe Berthé : 4, 13m, 64
CMN/Marc Rapilliard : 18, 19, 20-21, 24-25, 26, 27, 30-31
CMN/Étienne Revault : 35
CMN/T. Valès : 34b
François Levalet : couv., 2-3
Logis Tiphaine : 10

Abréviations

AP : Archives photographiques
CMN : Centre des monuments nationaux
MAP : Médiathèque de l'architecture et du patrimoine

Illustration de la couverture

Vue aérienne du Mont-Saint-Michel par grande marée.